KB077873

일하기 전,
일하는 중,
일하고 난 후

류랑도 지음

초격차 성과자들의 터닝포인트

일하기 전, 일하는 중, 일하고 난 후

류랑도 지음

쌤앤파커스

차례

Part 3. 일하고 난 후 스스로 고백 프로세스를 작동시켜라

프롤로그

"왜 내가 일한 만큼 성과로 인정받지 못할까?"

다소 도발적인(?) 프롤로그 제목에 놀랐나요? 이 말에 "맞아, 나도 내가 일한 것에 비해 인정은 잘 못 받는 것 같아."라고 공감할 수도 있고, 문득 어느 동료를 떠올리며 "맞아, 그 친구는 별로 열심히 하지도 않는데, 평가는 늘 좋더라? 왜지?" 할 수도 있습니다.

지금 이 책을 펼친 독자 여러분은, 일을 더 잘하고 싶고 또 그만큼 평가도 잘 받고 싶은 분들일 것입니다. 아직 신입사원이어서 '뭘 어떻게 해야 하나?' 어리둥절할 수도 있고, 경력이 꽤 있는 분들(원래 일을 잘해왔지만) 더 잘하는 사람들은 어떻게 일하는지 궁금할 수도 있습니다.

어느 쪽이든 배우려는 의지와 발전적인 마음을 잃지 않는다면, 결국은 여러분만의 노하우를 발견하고, 일에서나 삶에서나 높은 성과를 거둘 것이라고 확신합니다. 이 책은 그런 독자 여러분이 조금 더 빠르게, 더 효과적으로 목적지에 닿도록 돕는 일종의 '일의 전략지도'입니다.

열심히 했는데도 성과로 인정받지 못했다면 누구나 크게 실망할 것입니다. 단순히 인정을 받고 못 받고를 떠나 연봉이나 인센티브와도 직결된 문제이니만큼 실망을 넘어 분노가 차오를 것입니다. 그렇다면 열심히 일한 만큼, 여러분이 한 일을 성과로 인정받으려면 어떻게 해야 할까요?

제가 30년 가까이 수많은 기업과 조직에 성과관리와 성과코칭을 컨설팅하고 가르치면서 난다 긴다 하는 '일잘러'들을 정말 많이 만났습니다. 그들은 어떤 일을 맡든 지속적으로 높은 성과를 냈고, 당연히 조직 안팎에서 승승장구했습니다. 쉽게 지치거나 좌절하지도 않았고, 자신을 시기하고 질투하는 사람들까지 잘 보듬어가며 조직을 성장시켰습니다.

그들이 일하는 방식을 관찰해보니 가장 대표적인 특징이자 공통점이 '일하기 전, 일하는 중, 일하고 난 후'를 명확히 구분하고, 단계별로 해야 할 일을 꼼꼼히 챙기는 것이었습니다.

이 책은 그러한 '초격차 성과자'들의 전·중·후 법칙에 대해 설명합니다. 일하기 전, 일하는 중, 일하고 난 후를 3개의 부로 나눴습니다. 본격적인 이야기를 하기 전에, 각 부의 내용을 간단히 소개하겠습니다.

먼저 여러분이 일을 시작하기 전에 꼭 해야만 하는 것은, 기준에 대한 합의입니다. 대개는 여러분 조직의 상위리더, 즉 팀장이나 실장이 여러분의 일을 평가합니다. 그렇다면 그와 먼저 성과기준을 합의해야 합니다. 일이 다 끝난 후에 성과를 냈느니 못 냈느니 왈가왈부해봐야 소용없습니다.

게다가 소위 '평가시즌'에는 (미리 합의한 기준이 아니라) 평가자의 주관적인 생각이나 감정이 평가에 섞여들기 마련이죠. 여러분이 당당하게 성과달성 유무와 공정성 여부를 주장하기 위해서는 사전에 합의한 객관적인 성과기준이 존재해야 합니다. 그래야 큰소리도 칠 수 있죠(그렇다고 진짜 큰소리를 치라는 뜻은 아닙니다). 그 기준합의에 관한 내용이 1부입니다.

2부는 실행에 관한 것입니다. 성과기준을 합의했다면 그다음은 기준에 맞춰 인과적으로 일을 진행해야 합니다. '목표 따로 실행 따로'가 되어서는 안 되죠. 여기서 말하는 실행은, 최종성과물을 기간별로 혹은 과정결과물별로 잘게 나누어, 과정목표를 구체적으로 선정하고 실행하는 것을 말합니다. 그런데 이러한 과정목표는 최소한 한 달에 한 번씩은 중간평가를 해야 합니다. 중간결과물에 대한 근거를 차곡차곡 축적해야 미달성인 부분을 개선하고 만회할 수 있기 때문입니다.

3부는 일을 하고 난 후에, 여러분이 스스로 '고백 프로세스'를 가동해서 성과를 평가하고, 리더의 피드백을 어떻게 활용할지 알아봅니다. 실수가 있었다면 '나만의 실수 살생부'를 만들어 일 찌감치 뿌리 뽑고, 프로젝트가 끝날 때마다 적극적인 리뷰로 역량을 쌓는다면, 여러분이 몇 년 차이든 계속해서 성장하는 일의 프로가 될 수 있습니다. 제대로 된 반성과 피드백이 '일의 내공'을 만듭니다.

저는 항상 책을 쓸 때 제 글을 읽게 될 독자의 상황이나 입장을 먼저 생각해봅니다. 앞에서도 잠깐 언급했지만, 여러분은 일한 만큼 성과로 인정받기를 원하는 '합리적 성과주의자'일 것입니다. 자기 자신뿐 아니라 팀원들의 성과를 평가하고 코칭해야 할 팀장이나 본부장, CEO 같은 리더이기도 할 것입니다.

여러분도 자주 목격했을 것입니다. '열심히'만 하는 사람들은 늘 '일하는 중'이라고 합니다. 그런 사람은 시작도 없고, 끝도 없고, 계획도 없고, 보고도 없습니다. 그와 함께 일하는 사람들은 그야말로 속이 터집니다.

열심히 하고자 하는 마음은 계속 유지하되, 먼저 일의 전중후를 구별하십시오. 그것만 명확히 해도 맺고 끊음이 쉬워지고, 막막하던 일이 선명해집니다. 프로젝트를 할 때마다 이 책을 시작하기 전에 펼쳐보고, 일하는 중에 펼쳐보고, 일하고 나서 다시 펼쳐보며 몇 번만 연습해보세요. 이것이 습관으로 자리 잡으면 여러분도 어느새 "저 친구 일 좀 하는군!"의 주인공이 될 것입니다.

성수동 협성재에서

류랑도

Part 1

일하기 전

'기대하는 결과물'을 구체적으로 합의하라

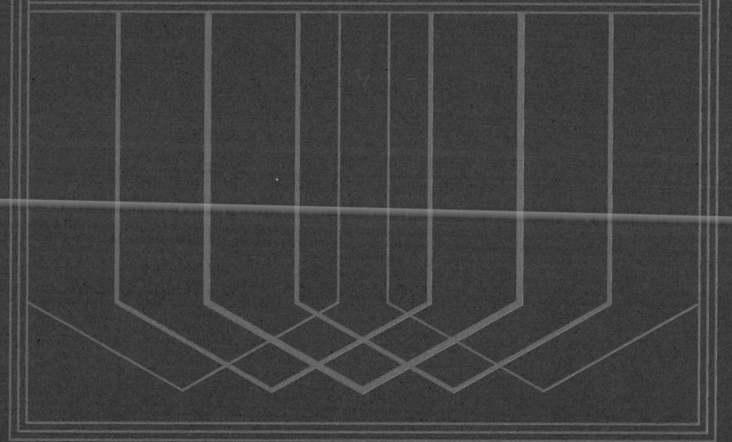

'성과가 나게' 일한다는 것은,
일을 시작하기 전에, 일하는 중간에,
일을 마친 후에 각각 해야 하는 일을
꼼꼼히 챙긴다는 뜻입니다.

자기 할 일을 잘 해내고,
이를 조직에 잘 어필하는 사람은
'전·중·후 업무 프로세스'를
정확히 따릅니다.

1

프로성과러는 프로일잘러 + 프로어필러

높은 성과를 내고, 프로성과러로 인정받고 싶은가요? 프로성과러는 프로일잘러 + 프로어필러입니다. 자기 할 일을 잘 해내고, 이를 조직에 잘 어필하는 사람이란 뜻입니다. 프로성과러가 어떤 사람인지 이해했다면 이미 절반은 된 셈입니다. 여러분이 해야 할 과제를 명확하게 알았고, 고객이 원하는 수준(성과목표)으로 달성하기 위해 인과적 달성전략을 세워, 이를 마감기한 내에 계획대로 실행하면 되니까요.

열심히 일한 것과 제대로 일한 것은 다릅니다. 내가 아무리 열심히 해도 수요자인 고객이 원하는 성과가 창출되지 않으면 제대로 일한 것이 아닙니다. 오히려 시간과 인력, 비용 등 한정된 자원을 낭비한 셈입니다. 그래서 프로성과러는 일을 시작하기 전에 다음과 같은 질문으로 자신이 해야 할 일을 정확히 인지합니다.

1. 오늘 내가 하고자 하는 일은 무엇인가?
2. 그 일에 대한 상황을 정확히 파악하고 있는가?
3. 그 일을 통해 수요자가 기대하는 결과물을 만들어낼 수 있는가?

위와 같은 질문에 거침없이 답할 수 있다면 여러분도 프로성과러가 될 수 있습니다. 가장 먼저 '오늘 하고자 하는 일'이 무엇인지 정의합니다. '오늘 해야 할 일'은 우선순위가 높은 과제겠죠? 오늘의 과제는 오늘의 독립적 성과를 위한 독립적 과제이고, 이번 주, 이번 달에 원하는 성과를 내기 위한 선행과제입니다.

프로성과러의 전·중·후 업무 프로세스

프로성과러는 무엇에 집중하고 어떻게 일할까요? 바로 '일의 본질'에 집중합니다. 일의 본질은 결과물의 수요자인 고객이 원하는 성과를 창출하는 것입니다. 그리고 성과를 창출하기 위해서는 일의 전·중·후를 제대로 관리해야 합니다. 거기에 바로 성과의 비결이 있습니다.

일을 잘한다는 것이 무엇일까요? 내가 한 일이 성과로 직결되는 것이겠죠? '성과가 나게' 일한다는 것은, 일을 시작하기 전에, 일하는 중간에, 일을 마친 후에 해야 하는 일을 꼼꼼히 챙긴다는 뜻입니다. 일의 단계에 따라 우리가 지켜야 할 프로세스는 다음과 같습니다.

1. 일하기 전에는 기획(planning)하고 계획(plan)하며
2. 일하는 중간에는 캐스케이딩(cascading)하고 협업(collaboration)하며
3. 일을 마친 후에는 성과를 평가(evaluation)하고 피드백(feedback)합니다.

일의 시작은 기획

프로성과러의 전·중·후 업무 프로세스를 자세히 살펴봅시다. 플랜(plan), 두(do), 시 앤드 피드백(see & feedback) 중 첫 단계는 플랜입니다.

여러분은 수요자가 원하는 결과물을 먼저 생각하고 일을 시작하나요? 아니면, 해야 할 일과 마감일정만 생각하고 일을 시작하나요? 전자와 후자는 일을 대하는 자세와 생각, 철학은 물론 실행방법 자체가 완전히 다릅니다.

프로성과러는 일을 시작할 때부터 매우 구체적으로 접근합

니다. 그리고 수요자 중심입니다. 일을 시작하기 전에 과제의 범위와 내용을 명확하게 정의하고, 현재 상황을 분석하고, 과제수행을 통해 이루고자 하는 '상태적 목표'를 설정합니다. 상태적 목표란 일의 결과, 즉 수요자가 원하는 결과를 미리 손에 잡힐 듯 구체적으로 그려놓은 것을 뜻합니다.

프로성과러는 자신이 세운 상태적 목표의 수준과 현재 상황의 차이를 좁히기 위해 인과적 달성전략을 세웁니다. 그냥 두루뭉술한 전략이 아니라, 고정변수와 변동변수*를 구분하고 변수별로 각각의 공략방법을 수립합니다. 그리고 전략을 실행할 때 예상되는 리스크요인을 도출하고, 그에 대한 대응방안까지 꼼꼼히 준비합니다. 그러고 나서 전체적인 실행과 리스크 대응에 소요되는 자원을 산출합니다.

기획단계에서부터 이 모든 것을 갖추어놓고 제대로 일을 시작하기 때문에 목표달성의 확률도 그만큼 높아집니다. 갑자기 개념적인 단어들이 쏟아져나와 '이게 다 무슨 말인가' 싶을 것입니다. 뒤에서 차차 설명할 테니 걱정할 필요 없습니다.

---

* 목표의 세부내역 중에서 경험이나 매뉴얼로 충분히 달성가능한 목표를 고정변수라 하고, 현장의 데이터를 분석하여 창의적이고 혁신적인 방법을 적용해야 만 달성할 수 있는 목표를 변동변수라고 합니다. 한정된 자원을 변동변수에 우선 집중시키기 위해 이 둘을 구분하는 것입니다.

프로성과러가 이처럼 복잡해 보이는(?) 여러 과정을 잘 세팅할 수 있는 이유가 무엇일까요? 일을 시작하기 전에 '하고자 하는 일', 즉 일을 끝냈을 때 기대하는 결과물인 '성과목표'를 구체적으로 설정하기 때문입니다. 하고자 하는 일이 정확하면 목표달성을 위한 인과적인 전략과 실행방법도 구체적으로 수립할 수 있습니다. 그리고 그 전략과 실행방법은 오직 목표를 정조준하기 때문에 결과물 또한 애초에 기대하는 수준과 비교해 오차가 거의 없습니다. 프로성과러는 그 점을 이미 알고 일에 접근합니다. 단계별 분석과 목표설정을 완료한 다음, 투입할 수 있는 인력·예산·시간을 정하고 수요자가 원하는 결과물을 기간별로 정리합니다.

프로성과러는 사전에 이러한 계획을 리포트하고 코칭을 받습니다. 코칭이란 코치(주로 팀장이나 실장 같은 직속 리더나 조직장)에게 찾아가 무작정 알려달라고 조르는 게 아닙니다. 실행자인 여러분의 생각을 코치에게 먼저 구체적으로 제안하면, 코치는 그 전략이나 실행방법이 기준과 대비해 타당한지 검증해줍니다. 이것이 바로 코칭입니다.

일하는 중에는 캐스케이딩과 협업

업무에 착수한 후에는 캐스케이딩과 협업이 중요합니다. 캐스케이딩은 전체 목표를 기간별 세부목표로 잘게 나누는 것입니다. 그리고 협업은 자신의 부족한 능력과 역량을 채우기 위해 상위조직 리더나 부서 내외부 동료에게 역할 지원을 요청해 실행하는 것입니다.

캐스케이딩이나 협업을 잘하는 것이 왜 중요할까요? 큰 프로젝트를 단시간에 여러분 혼자서 끝낼 수 없기 때문입니다. 거대한 바윗덩어리처럼 보이는 업무를 시간별, 주체별로 나눠야 합니다. 실행기간이 긴 과제와 목표는 반드시 월간, 주간, 일일 단위로 잘게 나누고, 여러분 혼자만의 능력과 역량으로 성과를 창출할 수 없는 규모의 일이라면 다른 구성원의 지원을 요청해야 합니다. 팀장이나 실장과는 수직적 협업을, 동료나 타부서 구성원들과는 수평적인 협업을 주로 합니다. 이러한 협업을 매끄럽게, 유기적으로 실행하면 여러분의 부족한 부분을 채우며 일을 완수할 수 있습니다.

피드백까지 잘 끝나야 일의 종료다

마지막 단계는 시 앤드 피드백입니다. 일이 끝났다는 것은 실행의 완료가 아니라 성과평가와 피드백까지 완료하는 것을 의미합니다. 실행이 끝났다면 평가를 해봐야 합니다. 처음에 기획한 목표와 대비해 어떤 성과가 있었나? 처음 기획한 전략에 대비해 실제 집행한 전략은 어떠했나? 어떤 점이 유효했고, 어떤 부분이 미진했나? 이런 점을 평가해보고 갭(gap)을 구체적으로 밝힙니다. 차이가 난 원인을 분석하고, 개선할 점이나 만회대책까지 수립해야 진정으로 일이 끝난 것입니다.

정해진 기간 내에 할 일을 마친 것이 일의 종료가 아닙니다. 의뢰한 고객이, 즉 업무를 지시한 팀장이나 실장이 결과물에 대해 만족하고 가치를 느껴야 일을 제대로 완수한 것임을 잊지 마세요.

2

성과와 실적을 구분하는 것이 일의 시작이다

여러분은 성과와 실적의 차이를 알고 제대로 설명할 수 있나요? 비슷하게 느껴지겠지만 성과는 실적과 분명히 다릅니다. 성과는 수요자인 고객이 인정한 결과물이고, 실적은 실행자인 내가 노력한 결과물입니다. 성과는 수요자가 원하는 결과물인 '목표를 달성한 상태'입니다. 즉, 고객 관점의 기준이죠. 반면 실적은 실행하는 사람이 일을 얼마나 열심히 했는지, 즉 '노력한 행위 결과물'을 말합니다.

예를 들어 실적은 계획 대비 달성률이나 해당 기간에 노력한 과제 이행횟수 등으로 나타내죠. 주로 방문 건수, 발표 횟수, 진도율, 점검 횟수, 작성 건수, 면담 건수와 같이 실행을 얼마만큼 열심히 했는가를 나타내는 지표가 바로 실적입니다. 그래서 실적은 내부 관점, 실행자 관점의 기준입니다.

한편 성과는 고객 관점이라서 어떤 일을 '열심히' 한 결과가 아니라 '제대로' 한 결과이자, 의도한 결과입니다. 그래서 실적관리는 사후 결과관리이고 성과관리는 사전 전략관리입니다. 지표와 숫자는 실적관리의 대상이고, 목표와 전략은 성과관리의 대상입니다.

그런데 예전에는 열심히 실적만 내도 괜찮았는데, 이제는 제대로 성과를 내는 게 더 중요해졌습니다. '열심히'보다 '제대로'에 방점을 찍어야 하는 시대가 되었죠. 참고로, 성과와 비슷한 말로 '결과'도 있는데 결과는 의도했건 의도하지 않았건 일이 마무리된 상태를 말합니다. 그러므로 성과를 다시 설명하면, '의도한 결과, 목적한 결과, 기획된 결과'라고 할 수 있습니다.

같은 조건에서 같은 일을 하더라도 일하는 사람의 가치관과 태도, 능력, 역량 등에 따라 성과는 크게 차이가 납니다. 그래서 조직은 구성원들이 최대한 주어진 목표와 가까운 성과를 낼 수 있도록 '성과관리'를 합니다.

이 성과관리의 핵심은 '일하기 전에' 책임져야 할 결과물인 성과목표를 객관화된 상태로 설정하는 겁니다. 성과목표는 수요자(일을 지시한 사람, 조직장, 고객)의 기준에서 만족할 만한 수준으로 설정해야 합니다. 그렇지 않으면 고객이 아니라 실무자인 여러분의 기준으로만 일하게 됩니다. 그러면 어떻게 될까요? 고객이 만족할 수 없겠죠? 그러면 고객은 곧 떠납니다.

나의 존재가치는 실적이 아닌 '성과'로 증명된다

"내가 이 조직에 존재하는 이유는 무엇인가? 나는 과연 내가 받은 연봉과 처우만큼 일을 하는 사람인가?"

여러분은 혹시 이런 질문을 자주 하나요? 프로성과러들은 늘 이런 질문을 가슴에 품고 다닙니다. 이런 질문에 "정해진 시간에 딱딱 출퇴근하고, 시킨 대로 일하면 됐지, 뭘 더 바라는 거죠?" 하고 반문하는 사람도 간혹 있습니다.

앞에서도 설명했지만, 성과를 실적과 혼동하는 사람들이 많습니다. 성과를 실적이라고 착각하는 사람은 "시킨 일 다 했으면 됐지, 뭘 더?"라고 생각할 수 있습니다.

프로성과러는 실적이 아니라 '성과'를 내는 데 포커스를 맞춥니다. 성과는 '목적한 결과물'입니다. 때문에 단순히 '주어진 일을 열심히 했다'고 해서 성과가 좋은 것은 아닙니다. 조직에서 성과라는 개념이 등장한 이유는 자원이 한정되어 있기 때문입니다. 이루고자 하는 결과물을 만들어내는 데 필요한 시간과 인력이 무한하다면 성과를 만들기가 상대적으로 쉬울 겁니다. 그러나 조직에서는 목표를 달성하기 위한 자원은 한정되어 있고, 심지어 부족한 경우도 많습니다. 그렇다면 그 한정된 자원과 시간을 성과가 날 만한 곳에 전략적으로 배분할 수밖에 없겠죠. 그래서 '성과 중심의 경영'이 필요해진 것입니다.

최선을 다하는 것은 중요합니다. 그러나 목적 없는 최선은 의미가 없습니다. 조직의 구성원인 우리는 고객을 상대로 거래를 하는 사람입니다. 고객 가치, 이익 개념, 원가 의식, 선택과 집중, 전략적 인과관계라는 개념을 장착하고 실행하여 성과를 내야 합니다. 그것이 구성원의 존재가치이자 존재의 이유입니다.

한 줄 질문

여러분은 성과 지향적인 사람인가요, 실적 지향적인 사람인가요?

"내가 이 조직에
존재하는 이유는 무엇인가?
나는 과연 내가 받은 연봉과
처우만큼 일을 하는 사람인가?"
프로성과러들은 늘 이런 질문을
가슴에 품고 다닙니다.

3

사전에 합의되지 않은 일은 인정받을 수 없다

"왜 내가 일한 만큼 인정받지 못할까?"
열심히 일한 만큼, 여러분이 한 일을 성과로 인정받으려면 어떻게 해야 할까요?

앞에서도 이야기했지만 성과달성의 기준으로 먼저 합의해야 할 것은 '기대하는 결과물'입니다. 이것을 '성과목표'라고 부릅니다. 여러분이 일을 시작하기 전에 평가자인 상위리더와 성과목표를 합의했다면, 이후에는 그 기준에 맞춰 인과적으로 실행해야 합니다.

여기서 말하는 '인과적인 실행'이란, 최종성과물을 기간별로 혹은 과정결과물별로 잘게 나누어 과정목표를 구체적으로 설정하고 실행하는 것을 말합니다. 그렇게 설정한 과정목표는 최소한 한 달에 한 번씩은 중간 성과평가를 하고, 중간결과물에 대한 근거를 차곡차곡 축적해야 합니다.

매달 중간평가를 하라고 하면 "그럼, 일은 언제 하죠? 평가하다 날 새겠네요." 하고 볼멘소리를 하는 분들도 있습니다. 번거롭고 귀찮으니까요. 그럼에도 불구하고 이러한 과정이 꼭 필요한 이유가 있습니다. 보통 반기 말이나 연말에 가서 여러분의 성과를 어필하거나 평가의 공정성을 따지지 않습니까? 그런데 1년 내내 아무런 준비도 하지 않고 있다가, 갑자기 그런 논의를 해봐야 이미 때가 늦습니다.

무슨 일이든, 일을 시작하기 전에 팀장과 성과기준에 대해 합의하고, 기간별로 월초나 분기초에도 구체적으로 합의하세요. 그렇게 평상시에 월말, 분기말 중간 성과평가를 꼼꼼히 누적해둔다면 연말의 성과도 미리 예상할 수 있습니다. 그러면 평가에 대해 인정하고 정정할 기회도 얻을 수 있죠. 또 설령 연말에 내가 한 일의 성과가 제대로 창출되지 않았다 하더라도 실행과정에서 성과기준에 맞춰 인과적으로 진행했다면 평가자는 충분히 정상 참작을 할 것입니다.

프로성과러 제1의 비결, 피드포워드

일을 마치고 나서 피드백을 받는 것도 중요합니다. 그런데 사후에 받는 피드백은 다음번 프로젝트에는 도움이 될 수도 있지만 이미 지나간 일을 되돌리거나 바꿀 수는 없습니다. 혹시 실수를 했거나 일이 잘못된 경우라면, 변명이나 용서를 구하는 것으로는 아무것도 달라지지 않습니다.

그렇다면 어떻게 해야 이런 사고나 실수, 실패를 예방할 수 있을까요? 저는 피드포워드(feedforward)를 강조합니다. 일을 시작하기 전에 피드포워드를 하라는 뜻입니다. 피드포워드는 어떤 일을 실행하기 전에 결함을 예측하고 위험요소를 면밀히 파악하는 일련의 활동입니다.

리더십 전문가이자 코칭 전문가인 마셜 골드스미스는 저서 《일 잘하는 당신이 성공을 못하는 20가지 비밀》에서 피드포워드와 피드백을 구분하여 설명합니다. 알다시피 피드백(feedback)은 를 다른 사람에게 평가와 제안을 구하고 듣는 것입니다. 반면 피드포워드란 자신 혹은 상대방에게 일하기 전에 목표조감도와 전략, 실행방법, 예상리스크 대응방안, 예상소요자원에 대해 내 의견을 전달하는 것을 말합니다.

그래서 피드백이 일이 마무리된 시점에서 행해진다면, 피드포워드는 일이 시작되기 전에 기획하고 계획한 내용에 대해 행해집니다. '사전 피드백'이라고 볼 수 있습니다. 일을 시작하기 전에 피드포워드가 제대로 이루어지지 않으면, 일이 끝난 후에도 제대로 된 피드백을 주고받기 어렵습니다.

그렇다면 피드포워드의 전제조건은 무엇일까요? 크게 나누면 5가지입니다.

1. 선택하고 집중해야 할 과제 도출
2. 목표조감도의 구체화
3. 타깃 중심의 고정변수와 변동변수 공략전략 수립
4. 예상리스크 대응방안 수립
5. 예상소요자원 산정

이 중에서도 목표조감도와 고정변수·변동변수 공략전략, 예상리스크 대응방안이 사전에 현장데이터 중심으로 수립되지 않으면 객관적으로 피드포워드를 하기가 어렵습니다. 피드포워드를 하는 목적을 다시 생각해보세요. 우리는 한정된 자원으로 원하는 성과를 달성해야 합니다. 목표달성의 품질기준과 예상 투입원가, 소요시간의 범위를 충족시키면서 말이죠.

이렇게 중요한 피드포워드는 다시 '기획 피드포워드'와 '계획 피드포워드'로 나뉩니다. 기획 피드포워드는 성과를 창출하기 위한 목표조감도와 고정변수·변동변수 공략전략, 예상리스크 대응방안, 예상 소요자원에 대해 코칭하는 것입니다. 반면, 계획 피드포워드는 실행계획과 절차, 실행일정에 대해 코칭하는 것입니다. 그러므로 기획 피드포워드가 먼저 진행되어야 계획 피드포워드도 진행할 수 있죠.

사람들은 대부분 계획에 대한 피드포워드는 어떤 형태로든 어느 정도 실행하지만, 더 앞서 진행해야 하는 기획 피드포워드는 놓치곤 합니다. 그 이유는 크게 3가지입니다.

1. 기획에 대한 개념이 부족하거나 목표조감도, 고정변수, 변동변수에 대한 전략을 제대로 수립하지 못해서
2. 외부환경과 내부역량의 어떤 요소가 목표달성에 예상리스크로 작용할지 미처 몰라서
3. 인력, 예산, 시간에 대한 예상 소요자원을 산정하는 방법을 제대로 훈련받지 않아서

결론적으로 계획 피드포워드는 과거의 경험과 지식을 기준으로 주관적으로 작성할 수 있지만, 기획 피드포워드는 현장, 현상, 현물에 대한 객관적 사실 중심으로 이루어지기 때문에 현장에 대한 데이터 분석이 전제되지 않으면 제대로 할 수 없습니다

한 줄 질문

피드포워드란 무엇인가요?
기획 피드포워드와 계획 피드포워드의 차이는 무엇인가요?
여러분은 일을 시작하기 전에 피드포워드를 잘 하고 있습니까?

4

일하기 전에 무조건 확인해야 할 5가지 질문

조금만 신경 쓰면 누구나 일하면서 '무엇을(what), 언제까지(when), 왜(why)'라는 질문을 던질 수 있습니다. 보통 그 정도는 생각하면서 일을 하죠.

첫 번째 질문인 '무엇을'은 '상위조직(우리 팀, 우리 실, 우리 본부 등)이나 나의 연간목표를 달성하기 위해 나는 무엇을 해야 하지?'입니다. 이것은 곧 '나는 어떠한 역할에 우선 집중해야 하지?'를 의미합니다. 이 질문에 자신 있게 답하려면 상위조직이 나에게 원하는 역할이 있어야 하고, 그것이 무엇인지를 알아야 합니다.

두 번째 질문인 '언제까지'는 '이 일을 언제까지 끝마쳐야 할까?'로 과제수행 마감기한(deadline)입니다. 마감기한이 없으면 선택과 집중의 개념이 없어집니다. 그래서 '언제까지'라는 질문이 필요합니다. 프로성과러는 업무지시를 받으면, 지시한 사람이 따로 일정 이야기를 하지 않아도 항상 "언제까지 필요하신가요?"라고 먼저 물어봅니다. 자신 있는 분야면 그 자리에서 "말씀하신 업무는 ㅇㅇ일 ㅇㅇ시까지 할 수 있을 것 같습니다."라고 말해 신뢰를 높입니다.

세 번째 질문인 '왜'는 '왜 내가 그 일을 해야 하지?'에 대한 고민입니다. 여러분이 그 일을 해야 하는 이유와 명분을 스스로에게 물어보세요. 이 질문에 대해 고민한다는 것은, 일을 통해 자율적·주도적·자기완결적으로 목표달성을 추구한다는 뜻입니다. '왜'에 대해 명확히 이해하는 사람은 다른 사람에게 휘둘리거나 팀장이 시키는 대로만 수동적으로 일하지 않습니다.

평소에 여러분 스스로가 자율성이나 자기완결성이 부족하다고 느낀다면, '왜'에 대한 질문을 반드시 해보고 깊이 고민해보기 바랍니다. 여러분이 일하는 목적과 필요성은 무엇인가요? 그 답이 명쾌한 사람은 일을 대하는 자세와 태도가 다릅니다.

자타공인 프로성과러들은 방금 이야기한 3가지 질문 외에 2가지를 더 묻습니다. '무엇을', '언제까지', '왜'가 일하기 위한 기본적인 질문이라면, 프로성과러의 2가지 추가질문은 '일을 잘하기 위한' 진짜 질문입니다.

첫째, 성과달성의 기준에 대한 질문입니다. '이 일을 통해 기대하는 결과물이 무엇인가? 나는 어떤 성과(performance)를 창출하기 위해 이 일을 하는 것인가?' 프로성과러는 일을 시작하기 전에 성과달성의 기준을 묻습니다. 이것은 가장 중요한 질문입니다. 수요자가 기대하는 결과물의 기준을 흔히 '목표'라고 말합니다. 일을 실행하는 사람은, 수요자가 기대하는 결과물이 무엇인지를 정확히 알아야 제대로 의사결정할 수 있습니다. 목표가 없으면 실행에 대한 기준이 모호해집니다. 이 질문이 왜 중요한지 알겠죠?

둘째, 효율적인 실행방법을 찾는 질문입니다. "정해진 기간 내에 팀장님이 기대하는 결과물의 기준에 맞추어서 어떻게 실행을 해야 할까?" 여러분에게 주어진 시간과 자원은 한정돼 있습니다. 그 한정된 자원으로 가장 효율적인 방법을 찾아 실행해야만 프로성과러가 될 수 있습니다. 주어진 자원과 자신의 능력을 활용해 일하는 방법을 최적화하고 목표를 달성하는 것, 이것이 결국 그의 능력이고 역량이니까요.

요약하면, '무엇을·언제까지·왜'라는 기본적인 질문에 더해서 '어떤 성과를 달성하기 위해', '어떻게 해야 하나'를 추가로 스스로에게 묻고 답해보세요. '최적화'를 위한 추가질문 2가지를 잊지 마세요.

한 줄 질문

여러분은 일을 시작하기 전에 스스로에게 여기 나온 5가지 질문을 합니까?

'무엇을·언제까지·왜'라는
기본적인 질문에 더해서
'어떤 성과를 달성하기 위해',
'어떻게 해야 하나'를
추가로 스스로에게 묻고
답해보세요.

5

'팀장님은 왜 나에게 이 일을 맡긴 걸까?'

여러분의 상위리더, 즉 팀장 혹은 실장이 갑자기 여러분에게 일을 부탁했다면, 우선은 기뻐하세요. 조직에서 그 일을 가장 잘할 수 있는 사람으로 여러분을 선택했다는 뜻이니까요. 그런데 종종 '다른 팀원도 많은데 왜 하필 나지? 피곤하게….' 하며 부정적인 마인드로 받아들이는 경우가 있습니다. 이런 부정적인 마인드는 일의 성과를 떠나 여러분의 인생에도 좋을 게 하나도 없습니다.

수많은 팀원 중에서 여러분을 콕 찍어 일을 맡겼다면, 즐거운 마음으로 팀장에게 현재 하고 있는 일의 상황을 보고하고 업무의 우선순위를 협의해야 합니다. 그리고 팀장이 무엇을 필요로 하며 무엇을 진정으로 원하고 있는지, 그 성과기준을 진지하게 헤아려보길 바랍니다. 또 일을 진행할 때는 자신이 올바른 방향으로 일하고 있는지를 확인할 수 있는 지표(선행, 후행)를 만들어, 그것을 통해 확인하며 실행에 집중해야 합니다.

나의 '역할과 책임'을 정확히 아는가?

조직의 구성원이라면 누구에게나 주어진 역할과 책임이 있습니다. '역할'이란 조직의 성과창출을 위해 구성원으로서 해야 할 일이고, '책임'이란 역할 수행을 통해 기여해야 할 성과물입니다.

조직은 어떤 인재를 원할까요? 조직의 성과목표 달성을 위해 일정 기간 자신이 해야 할 역할과 책임을 명확히 알고 자기주도적으로 실행하는 인재를 원합니다. 문제는 자신의 역할과 책임을 명확하게 알지 못한 채 '열심히만' 하는 경우입니다. 역할과 책임을 무시하고 '열심히 했으니까 잘한 것'이라고 혼자 생각합니다. 구체적으로 자신이 조직의 어떤 성과에 기여하고 있는지를 잘 알지 못하기 때문에 조직 내에서 성취감과 만족감을 느끼기도 어렵습니다. 이는 성과창출에도 큰 장애가 됩니다.

그래서 자신의 역할(해야 할 일)과 그 역할수행을 통해 책임지야 할 성과목표를 기간에 따라 명확하게 인식하고 실행하는 것이 중요합니다. 이를 제대로 인식하지 못하거나 실행하지 못할 경우, 어떤 일이 발생할까요?

출근해서 퇴근하기 전까지 업무시간에는 공적인 업무에 충실해야 하는 것이 도리입니다. 하지만 현실에서는 이와 다르게 행동하는 사람들이 의외로 많죠. 회사의 구성원으로 임해야 할 공적 업무시간에 사적인 통화, SNS 활동, 취미생활 같은 개인적인 일을 처리합니다. 특히 요즘은 거의 모든 업무가 인터넷으로 이루어지다 보니, 공적인 업무를 하고 있는지 개인적인 일을 하고 있는지 가까이 가서 들여다보지 않는 이상 구별하기가 어렵습니다.

게다가 팀 단위로 일하다 보면 역할과 책임은 더욱 중요해집니다. 내 역할과 책임을 다했다 하더라도, 우리 팀의 일을 함께하는 다른 팀원의 일을 지원해주어야 하는 경우도 생깁니다. 팀원 간의 역할과 책임의 구분이 명확하지 않은 업무일 경우, 이런 현상이 더욱 두드러지게 나타나지요. 그렇게 되면 서로에게 책임을 미루거나 '내 일이 아니니까'라며 아무도 공을 받지 않습니다. 그러면 일이 잘 될까요? '나는 나한테 주어진 일만 하면 된다'고 생각하는 사람은 팀워크에 부정적인 영향을 미치고 팀의 성과를 떨어뜨리는 주범입니다.

구성원은 그가 속한 조직의 성과목표 달성을 위해 존재한다는 것을 반드시 기억해야 합니다. 그러니 자기 일만 하지 말고 관련된 다른 팀원들과 역할을 조율해나가며 유연하게 대처해야 합니다. 조직으로부터 합당한 처우를 받지 못했다며 불평하기 전에,

여러분이 자신의 역할과 책임을 제대로 해냈는지, 그리고 자신만 생각하는 이기적인 행동으로 주변 동료들에게 불편이나 피해를 주지 않았는지를 먼저 생각해보기 바랍니다.

리더와 동료는 최고의 고객이자 내 성장의 파트너

우리는 하루의 1/3 이상을 일에 투자합니다. 깨어 있는 시간의 대부분을 직장에서 보내는 셈이죠. 그러므로 일이 만족스럽지 않거나 동료, 리더와의 관계가 원만하지 못하다면 매우 긴 시간을 괴롭게 보내야 합니다.

"팀장님이 좀 이상해요.", "동료들이 맘에 들지 않아요." 하고 상대방을 인정하지 않으면 같이 일하기 참 힘듭니다. 조직생활이란 같은 목표를 향해 달리는 이인삼각 경기와 비슷하기 때문입니다. 이인삼각 경기는 서로의 체력을 고려해 리듬을 맞추고 구호에 맞춰 함께 발을 내디뎌야 속도를 낼 수 있습니다. 아무리 달리기를 잘하는 사람도 일방적으로 혼자 뛰어서는 결코 결승선에 도달할 수가 없습니다. 오히려 다 같이 우르르 넘어질 뿐이죠.

동료와 팀장을 내 일의 걸림돌로 만들 것인가, 디딤돌로 만들 것인가는 오롯이 여러분의 생각과 태도에 달려 있습니다. 먼저 '팀장과 동료는 나의 성장을 위한 파트너다'라고 생각한다면,

조직 생활의 다른 면이 보이기 시작할 것입니다.

여러분 개인의 시각이 아니라 회사의 비전이나 성과창출 측면에서 주위 동료나 상위조직 리더를 바라보세요. 이들이 어떤 능력과 역량으로, 어떤 역할과 책임을 하는가를 살펴보라는 말입니다. 그렇게 보다 보면, 감정적인 섭섭함이나 정서적인 불편함을 넘어 객관적인 관점으로 그들을 바라볼 수 있습니다.

한 줄 질문

여러분은 여러분의 역할과 역할 수행을 통해 책임져야 할 성과목표를 기간에 따라 명확하게 인식하고 실행하고 있습니까?

6

일을 구분하고 수시로 공유할 것

팀장도 팀원에게 일을 맡길 때 고민이 많습니다. 《일을 잘 맡긴다는 것》의 저자 아사노 스스무는 팀장이 일을 맡기지 못하는 여러 이유를 설명합니다. 그중 인상적인 것 몇 가지는 아마 여러분도 공감할 것입니다. '팀원에게 일을 맡기는 것도 일이니 차라리 내가 빨리 해치우고 만다', '숙달된 사람(리더 자신)이 하는 편이 효율적이다', '팀원들이 바쁜 것 같아 미안해서 일을 더 못 주겠다', '일일이 가르쳐주기 귀찮다', '팀원이 실패할까 봐 걱정된다' 등등. 그 외에도 팀장이 일을 맡기지 못하는 이유는 무궁무진합니다.

그런데 팀장 혹은 실장이 구성원에게 일을 맡기지 않으면 어떻게 될까요? 물론 일이 제대로 안 될 것입니다. 조직이 원활하게 돌아가지 않겠죠. 팀장도 팀원에 대해 알아야 하지만, 팀원도 팀장을 파악해야 합니다. 그래야 자신의 역할과 책임을 다하고, 성과를 만들어낼 수 있습니다. 여러분의 팀장은 어떤 스타일입니까? 다음의 5가지 유형을 살펴보세요.

1. 실무를 쥐고 있어야 한다고 믿는 플레이어형
2. 팀원으로부터 업무 보고를 받지 않으면 불안한 소심걱정형
3. 자기 일은 각자 알아서 하자는 방임형
4. 일을 맡길 적임자가 누구인지 모르는 부적재부적소형
5. 실무 경험이 적어 비상상황에 당황하는 속수무책형

여러분 팀장의 성향이 이 중 하나라면, 왜 여러분에게 일을 맡기지 못하는지 이유가 파악되었을 것입니다. 그렇다면 거기에 맞게 대처법을 찾는 것은 어렵지 않겠죠? 그런데 간혹 팀장의 문제가 아닌 경우도 있습니다. 이럴 때는 팀원의 문제를 파악해야 합니다. 여러분 혹은 여러분의 팀원은 어떤 스타일입니까? 다음의 유형 중에 해당하는 게 있나요?

1. 무모하거나 지나치게 소심한 팀원
2. "저는 제 일만 할게요." 하는 팀원
3. 툭하면 "그만두겠습니다."를 입에 달고 사는 팀원
4. 일을 맡기기만 하면 사고 치는 팀원

5. 귀찮은 일은 하기 싫어하는 팀원

6. 의욕도 없고 생각도 없는 팀원

7. "그 일은 하고 싶지 않습니다."라고 당당하게 업무를 거부하는 팀원

8. 대답만 잘하고 행동은 하지 않는 팀원

자, 이렇게 주위 사람들의 성향을 분석했다면, 가장 중요한 것이 하나 남았습니다. 여러분은 어떤 유형의 팀장 혹은 팀원인가요? 자신은 물론이고 여러분의 상사나 팀원, 주위 동료를 관찰해보기 바랍니다.

나의 소중한 첫 번째 고객을 위해

마케팅이나 영업 조직에 있는 사람들은 일할 때 항상 고객을 먼저 생각합니다. 우리 회사 제품을 선택하는 고객이 무엇을 원하는지, 어떻게 해주어야 만족할지에 대해 늘 고민합니다. 그들은 고객이 미처 생각하지 못했던 부분까지 챙기려고 최선을 다합니다. 무슨 일을 하든 그들은 고객의 입장을 최우선으로 생각하며 '더 나은 방식'을 고민합니다.

만약 이런 생각을 팀장과의 관계에 적용해보면 어떨까요?

팀장 혹은 실장이 여러분의 소중한 '첫 고객'임을 잊지 말아야 합니다. 그가 나를 지속적으로 인정하고 신뢰할 수 있도록 그의 니즈(needs)와 원츠(wants)를 일하는 과정에서 담아야 합니다. 니즈는 보통 겉으로 드러난 요구사항이니까 해야 할 일, 지시받은 과제라고 생각하면 됩니다. 반면 원츠는 숨겨진 욕구, 말은 하지 않았지만 궁극적으로 원하는 것이므로 기대하는 결과물, 목표라고 하면 좋을 것 같습니다.

어떻게 하면 고객의 니즈와 원츠를 여러분의 일에 담을 수 있을까요? 우선 여러분의 팀장 혹은 실장이 원하는 업무수행의 결과물인 목표를 명확하게 이해하고 정의할 필요가 있습니다. 그 다음에는 구체적이고 인과적인 달성전략을 세우고 방법을 실행합니다.

이때 여러분이 할 수 있는 일과 할 수 없는 일, 직접 할 일과 위임할 일을 구분하면 좋습니다. 특히, 하고 싶은 일과 해야 할 일이 많을수록 자신이 반드시 직접 해야만 하는 일, 동료에게 위임해야 하는 일, 상위 직책자나 타 부서에 부탁해 협업할 일을 구체적으로 구분해야 합니다. 그러고 나서 여러분이 할 수 있는 일에 집중합니다.

좋은 파트너십의 핵심은 수시로 공유하기

어떻게 해야 팀장과 팀원이 업무 파트너로서 좋은 관계를 유지하고 좋은 성과도 낼 수 있을까요? 핵심은 양방향 '공유'입니다. 팀원은 일을 진행할 때 수시로 팀장과 공유하는 게 중요합니다. 팀장도 마찬가지입니다. 근거 없는 자신감과 어설픈 자존심으로 이 과정을 소홀히 하거나 무시하면, 여러분이 책임져야 할 성과를 창출하기 힘들다는 점을 명심해야 합니다.

그러므로 먼저 과제를 어떻게 수행할 것인지를 스스로 고민한 후 반드시 팀장이나 실장의 코칭을 받고 수행해야 합니다. 이때 코칭을 받는 것은 여러분의 역량이 부족해서가 아닙니다. 직책에 따라 위치가 다르고 관점이 다르기 때문입니다.

한마디로 팀장과 팀원의 위치관계는 숲과 나무에 비유할 수 있습니다. 숲은 나무가 볼 수 없는 사각지대를 봅니다. 숲의 관점을 가진 팀장이 리트머스처럼 일의 엣지(edge)를 발견할 수 있습니다. 여러분이 팀원이라면 팀장의 리트머스 기능을 활용해 주변 정황을 잘 살피라는 뜻입니다.

이런 생각과 행동들이 습관화된다면 (고객을 최우선으로 생각하는 마케팅과 영업 조직의 구성원들처럼) 팀장이나 실장이 미처 생각하지 못한 부분까지 여러분이 챙기고 공유할 수 있습니다. 그 결과, 일의 성과물은 팀장이 기대한 것 이상이 될 것이고, 상위조직 리더의 인정과 신뢰 역시 자연스레 따라올 것입니다.

이러한 조직의 인정과 신뢰는 앞으로 여러분에게 또 다른 기회의 문을 열어줄 것입니다. 여러분의 팀장은 상위 본부장이나 실장, CEO와 의견을 나눌 일이 많습니다. 그럴 때 여러분에 대한 인정과 신뢰가 두텁다면 팀장은 새로운 프로젝트나 연수의 기회가 생겼을 때 여러분을 적극적으로 추천할 것입니다. 때로는 그런 기회가 한 사람의 커리어 루트에 결정적 계기, 터닝포인트가 되기도 합니다. 기나긴 커리어 여정에서 성장과 발전의 기회는 그렇게 옵니다.

한 줄 질문

내가 일한 만큼 성과로 인정받으려면 여러분은 팀장에게 어떤 존재가 되어야 할까요?
조직의 인정, 신뢰를 받기 위해 여러분이 할 수 있는 것 3가지는 무엇일까요?

팀장과 팀원의 위치관계는
숲과 나무에 비유할 수 있습니다.
숲은 나무가 볼 수 없는 사각지대를 봅니다.
숲의 관점을 가진 팀장이
리트머스처럼 일의 엣지(edge)를
발견할 수 있습니다.

7

질문하기 전에 내 생각을 먼저 밝혀라

여러분은 업무를 할 때 진행상황을 팀장에게 수시로 보고하는 편인가요? 아니면 업무가 완결될 때까지 팀장 근처에는 얼씬도 하지 않는 편인가요?

스스로 대답하기 어렵다면 아래의 3가지 유형을 살펴보고 '나는 어떤 구성원인가'를 생각해보기 바랍니다. 여러분이 리더라면 어떤 팀원과 일을 하고 싶은가요?

1. 업무가 주어지면 중간보고 없이 그 업무가 끝날 때 몰아서 보고하는 팀원
2. 업무가 주어지면 중간중간에 진행상황을 자세히, 자주 공유하는 팀원
3. 해야 할 업무를 (시키지 않아도) 알아서, 적기에, 만족스러운

수준으로 하는 팀원

물어볼 것도 없이 대부분 3번 유형의 팀원을 택할 겁니다. 그러나 안타까운 사실은 3번처럼 일하는 팀원은 극히 드물다는 것입니다. 여러분 조직의 구성원들도 대부분 1번이나 2번일 것입니다. 물론 1번 스타일의 팀원이라도 다 마친 업무의 수준이 탁월해서, 즉 리더가 원하는 수준으로 결과물이 나왔다면 별문제가 되지 않겠지요.

그런데 공유도 없고 보고도 없다가 마감기한이 지나서 가져온 결과물이 형편없다면 어떨까요? 팀장도, 팀원도 이럴 때 참 난감합니다. 심지어 한두 번이 아니라 매번, 항상 그렇다면요? 1번 스타일의 팀원에게 업무를 맡긴 팀장은 항상 불안하고 초조하겠죠? 업무가 얼마나 진행되었는지, 현재 상황이 어떤지 늘 궁금할 수밖에 없겠죠? 옆에서 지켜보고만 있기가 힘들어서 팀장은 먼저 팀원에게 다가가 업무진척도를 일일이 물어보고 챙길 것입니다. 이처럼 팀장을 궁금하게 하고 불안하게 하면 권한위임은 당연히 이루어지지 않습니다. 그 팀원에 대한 성과평가도 좋게 나올 리 만무하겠죠?

조직에서 1번 스타일로 일하는 팀원이 착각하는 게 있습니다. 나는 탁월한 팀원이므로 중간에 팀장에게 물어보지 않아도

(팀장의 마음에 들게끔) 일을 잘 끝낼 수 있다고 말입니다. 이미 팀장의 의중을 잘 알기 때문에 중간보고는 필요 없다고 착각합니다. 하지만 실상은 그렇지 않습니다. 팀장 역시 여러분을 탁월한 팀원이라고 생각하는지를 먼저 확인해야 합니다. 그렇다면 여러분은 이미 3번 스타일의 핵심인재겠죠?

권한을 위임하게 하는 결정권은 팀장이 아니라, 실무자인 여러분에게서 나옵니다. 권한위임이 가능하도록 먼저 여건을 만들어야 합니다. 이 분야만큼은 내가 최고라는 마음을 가지고 스스로에게 권한을 위임해보세요. 그런 신뢰와 인정이라는 단단한 기반 위에서 여러분의 역량을 맘껏 쌓으십시오.

불분명한 지시를 받았을 때

그런데 간혹 업무지시를 받다 보면 난감한 경우가 있습니다. 지시한 내용이 분명하지 않거나 이해가 잘 안 될 때, 여러분은 어떻게 하나요?

1. 정확히 이해하지 못했지만 일단 "알겠습니다!" 하고 자리로 돌아가서 혼자 고민해본다.

2. 이해가 잘 안 되지만 내가 해석한 대로 일단 주어진 업무를 빠르게 시작한다.
3. 이해하지 못한 부분이 있다는 것을 그 자리에서 솔직하게 밝히고, 팀장에게 다시 질문해 애매한 부분을 명확하게 이해한 후 업무를 진행한다.

위의 3가지 유형 중 여러분은 어느 쪽입니까? 당연한 이야기지만 3번 팀원이 업무성과와 만족도가 가장 높을 수밖에 없습니다. 지시받은 내용을 제대로 이해했느냐 못 했느냐는 업무성과를 크게 좌우하니까요.

하지만 그렇다고 해서 무작정 질문을 폭포수처럼 쏟아내는 것도 바람직하지는 않습니다. 팀장에게 이해가 안 되는 부분을 질문할 때도 요령이 필요합니다. 중요한 것은 일을 지시한 사람의 입장이 되어보는 것입니다. 팀장이 이 업무를 여러분에게 지시한 이유가 무엇인지 즉, 팀장의 니즈를 파악하는 질문을 해야 합니다(더 나아가 감정까지 파악할 수 있다면 금상첨화겠죠).

물론 팀장이 늘 옳은 것은 아닙니다. 틀릴 때도 있습니다. 그리고 간혹 팀장도 자신이 무엇을 원하는지 잘 모를 때가 있습니다. 일의 결과물을 명확하게 그리지 못한 채로 여러분에게 지시할 수도 있죠. 그럴 때 똑똑하게 일하는 팀원이라면, 불분명한 항목이 무엇인지를 하나하나 나열해보고 팀장도 미처 생각하지 못한 미지의 영역들을 채워야 합니다.

경우에 따라 팀장이 지시한 내용이 여러분의 생각이나 경험과 다를 수도 있습니다. 여러분이 생각하기에는 여러분 방식대로 하는 게 더 나을 것 같습니다. 실무를 담당하는 여러분이 그렇지 않은 팀장보다 현상 상황을 더 잘 알기 때문에 충분히 그럴 수 있습니다. 그리고 실제로 여러분의 생각대로 하는 것이 더 높은 성과를 낼 때도 많습니다.

이럴 때는 그냥 시키는 대로만 할 것이 아니라 팀장을 설득해야 합니다. 여러분의 입으로 그런 생각을 말하기보다는 팀장이 대안을 말하도록 유도하는 것이 중요합니다. 무슨 말이냐고요? 다음의 대화를 참고하기 바랍니다.

[오전 11시]

팀장 : 김프로, 올해 가입한 신규고객에 대한 매출향상 방안을 다음 주까지 고객별로 구체적이고 상세하게 정리해서 보고해주세요.

김프로: 네, 알겠습니다. 오늘 중으로 어떻게 실행할지 대략 계획을 세워서 보고드리고 시작하겠습니다.

[오후 3시]

김프로 : 팀장님! 오전에 지시하신 내용을 검토해봤습니다. 일단 고객성향을 파악하고 고객별로 매출향상 방안을 구체적으로 수립하려면 10일 정도 시간을 더 주셔야 할 것 같습니다. 왜냐하면 분석할 고객 수만 해도 300명 이상이기 때문입니다. 그리고 제 생각에는 고객별로 성향을 파악하는 것이 쉽지 않을 듯합니다. 그보다 고객별로 어떤 아이템을 어떻게 판매할지 판매계획을 세세하게 세우는 것이 더 현실적이지 않을까요?

팀장: 아니, 뭘 그렇게 복잡하게 생각합니까? 고객 중에서 예상매출액 5,000만 원 이상인 핵심고객만 골라내면 30~50명 정도일 텐데, 그 핵심고객의 니즈와 원츠를 먼저 파악하면 되지 않겠어요? 일단 우리가 예상하는 매출목표와 고객의 예상 구매수준을 객관화하고, 아이템별로 공략방법을 수립하면 됩니다. 그렇게 하면 시간이 그렇게 많이 걸리지 않을 텐데요.

김프로: 아, 예! 300명 전체가 아니라 매출액 5,000만 원 이상 핵심고객으로 타깃을 잡으시는 말씀이시군요. 말씀대로 핵심고객을 먼저 조사하겠습니다. 그런데 매출액은 5,000만 원 미만이지만 영향력이 큰 인플루언서도 중간중간 섞여 있어서, 제 생각에는 1차로 핵심고객을 분석하고, 2차로 나머지

고객을 조사하는 것도 좋을 것 같습니다. 그래야 인플루언서들도 우리 회사가 자신들을 대우해준다는 인식을 가질 수 있으니까요.

팀장 : 아! 그런 면도 있네요. 좋습니다. 우선 핵심고객을 먼저 분석해보고 나머지 고객도 분석해보도록 합시다.

어떤가요? 팀장과 업무진행에 대한 상세한 내용을 공유하지 않았더라면 300명이 넘는 고객을 10일에 걸쳐 일일이 분석할 뻔했습니다. 김프로는 자신의 계획을 먼저 설명하면서 팀장의 속내를 알아냈죠. 거기서 일을 쉽게 끝낼 수 있는 힌트를 얻었습니다.

이처럼 여러분이 할 일에 대해 조금 더 구체적으로 다가가려면, 팀장의 지시를 받고 어느 정도 고민한 후에 여러분의 생각을 먼저 보여주어야 합니다. 그래야 팀장도 자신의 생각을 오픈합니다. 이때 구두로 의견을 전달하는 것도 좋지만 가급적이면 간단한 양식으로라도 글로 적어서 소통하는 것이 바람직합니다. 또 팀장과 다른 의견을 개진할 때는 보완적인 측면에서 접근하는 것이 더 좋습니다. 팀장의 의견을 무시하거나 대립하려는 듯한 태도는 바람직하지 않습니다.

서로에 대한 신뢰와 역지사지의 마음

누구나 자신에게 필요한 내용에 관심을 가집니다. 그리고 흥미를 느끼는 것에 집중하죠. 팀장과의 대화도 마찬가지입니다. 팀장의 관심사와 요구를 자연스럽게 끌어내고 서로의 차이를 좁혀 잘 설득해야 합니다.

이럴 때 필요한 것은, 서로에 대한 신뢰와 역지사지의 마음입니다. 팀원 입장에서는 팀장과 생각이 다를 때, 자신의 생각을 정확하게 표현하거나 전달하기가 쉽지 않습니다. 그러나 조직은 성과창출을 위해 존재하므로 필요하다면 팀원도 팀장을 설득해야 합니다. 물론 어떻게 표현하느냐가 언제나 중요합니다. 섣부른 말 한마디가 팀장과의 관계를 악화시킬 수 있고, 서로의 마음에 상처를 남길 수도 있기 때문이죠. 그러니 즉흥적으로 말하지 않도록 미리 설득의 근거와 내용을 준비해야 합니다.

여러분이 팀원이라면 팀장에게 말을 꺼내기 전에 생각해보기 바랍니다. '내가 제기하는 문제가 충분히 객관적인가?', '누가 변해야 하나, 나인가 아니면 팀장인가?' 이런 점을 충분히 생각했음에도 불구하고 팀장에게 변화를 요청해야 할 때는 부정적인 화법이나 직설적인 어조를 피해 잘 전달해야 합니다.

가능한 한 팀장 스스로가 문제점에 대해 이야기할 수 있도록 긍정적이면서도 간접적인 화법을 활용하는 게 좋습니다. 물론 이런 대화가 어느 날 갑자기 가능할 수는 없습니다. 하지만 평소에 여러분이 팀장에게 그만큼 신뢰와 진심을 보여주었다면 크게 어렵지는 않을 것입니다.

한 줄 질문

만약 팀장이 지시한 내용이 여러분 생각과 다르고, 여러분 방식대로 일을 추진하고 싶을 때 어떻게 하면 좋을까요?

권한위임의 결정권은
팀장이 아니라,
실무자인 여러분에게서 나옵니다.
권한위임이 가능하도록
먼저 여건을 만들어야 합니다.
이 분야만큼은 내가 최고라는 마음으로
스스로에게 권한을 위임해보세요.

8

헛짓, 뻘짓 줄이는 가장 쉬운 방법

잘 모르겠다고 말하는 것을 두려워하면 결코 성과를 낼 수 없습니다. 조직생활을 잘할 수도 없죠. 모르면 모른다고 솔직하게 그리고 정확하게 말해야 정보를 얻을 수 있습니다.

커뮤니케이션의 여러 단계 중 가장 중요한 것은 무엇일까요? 바로 '듣기'입니다. 그러나 업무와 관계된 대화라면 여기서 한 단계 더 나아가 들은 내용을 정확히 해석하는 것도 매우 중요합니다. 들은 내용을 정확히 이해하려면 어떻게 해야 할까요? 다음의 3가지 팁을 참고하기 바랍니다.

모르는 것은 모른다고 인정하고 질문한다

이 얘기는 앞에서도 강조했습니다. 사람은 누구나 다른 사람에게 잘 보이고 싶습니다. 그래서 모르는 것을 모르겠다고 말하기가 쉽지 않죠. 모른다고 인정하기는커녕 대충 듣고 아는 척 하기가 더 쉽습니다. 그러나 모르는 것을 정확히 모른다고 말하고 부연 설명을 요청하는 자세야말로 서로 간의 대화에서 오해나 왜곡을 막는 가장 훌륭한 방법입니다. 여러분의 시간과 에너지를 절약하는 방법이기도 합니다. 그러므로 팀장에게 업무지시를 받을 때, 동료 간에 협업 논의를 할 때, 애매한 것은 그냥 넘기지 말고 꼭 다시 물어 명확히 이해해야 합니다.

상대방의 이야기를 나의 말로 바꾸어 다시 표현한다

여러분이 이해한 대로 바꾸어 표현하면 다음과 같은 2가지 장점이 있습니다.

첫째, 내가 정확하게 이해했는지 확인할 수 있다. 둘째, 상대방에게 '내가 당신의 이야기를 잘 들었다'는 점을 어필할 수 있다. 만약 여러분이 여러분의 말로 바꾸어 표현했을 때, 잘못된 부분이 있다면 상대방은 그 부분을 기꺼이 고쳐줄 것입니다. 그러므로 굳이 추가질문을 하지 않더라도 내용을 정확히 이해할 수 있습니다.

상대방의 감정까지 받아들이려고 노력한다

대화 속에는 어떤 식으로든 감정이 담겨 있기 마련이지요. 감정은 표정, 눈빛, 말투, 제스처, 음색과 같은 비언어적 정보의 형태로 나에게 전달됩니다. 같은 문장이라도 문장에 담긴 감정에 따라 여러 가지로 해석이 가능한 이유입니다.

대화에 담긴 감정을 제대로 이해하지 못하면 내용을 정확히 해석할 확률도 낮아집니다. 반대로 상대의 감정을 이해하고 인정할 경우, 나의 이해가 상대방에게도 전달되어 긍정적인 감정교류가 이루어집니다.

"기존 업무도 많은데 새로운 일을 더 하라고요?"

지금 하고 있는 일도 많은데 팀장이 추가 업무를 지시했다고 칩시다. 그럴 때 여러분은 어떻게 하나요?

1. 기존에 하던 업무를 중단하고 새로 받은 추가 업무를 먼저 한다.
2. 기존에 하던 업무를 먼저 끝낸 다음 추가 업무를 한다.
3. 기존 업무와 추가 업무의 우선순위를 파악한 후 긴급하고 중요한 업무부터 한다.

업무의 우선순위를 정하는 목적은, 장기적으로 차이를 만들고 올바른 방향으로 나아갈 수 있는 중요한 일에 더 많은 시간을 쓰기 위해서입니다. 우리의 시간과 자원은 한정되어 있다고 여러 번 이야기했잖아요? 일의 우선순위를 정하고, 우선순위가 높은 일부터 하게 되면 불필요한 일에 에너지를 뺏기지 않으니 집중도가 높아집니다. 주어진 일을 더 효과적으로 처리할 수 있죠.

그렇다면 업무의 우선순위는 어떻게 정해야 할까요? 무작정 팀장에게 찾아가 우선순위를 정해달라고 하면 될까요? 그 전에 다음의 9가지 과정을 순서대로 따라가며 지금 여러분이 하고 있는 일의 우선순위를 정해보기 바랍니다.

1. 업무 기록하기 : 개인적인 업무와 회사 업무를 모두 기록한다.
2. 연간목표 생각하기 : 나의 연간목표와 그 목표에 도달하기 위해 해야 할 과제를 생각한다.
3. 목표 세분화하기 : 연간목표 달성을 위한 분기별, 월별, 주별 목표를 세운다. 연간의 목표를 분기, 월간, 주간 단위로 나누는 것이다.
4. 정확한 마감일 정하기 : 업무마다 마감일을 적는다. 마감일이 딱 필요하지 않은 업무여도 '나만의 마감일'을 따로 정해둔다.
5. 긴급성과 중요성 비교해보기 : 목표와 비교해서 긴급하면서 중요한 작업을 가장 먼저 진행하고, 긴급하지 않은 중

요한 작업은 특정 시간을 정해 진행한다. 그 외의 모든 일은 위임하거나 삭제한다.

6. 일일 성과기획서 작성하기 : 일일 단위로 '오늘 반드시 해야 하는 3가지 중요한 업무'를 기록한다. 업무명도 중요하지만 업무수행을 통해 오늘 '기대하는 결과물'을 적어보고, 그 업무가 더 큰 상위기간 혹은 상위조직 목표와 관련이 있는지 스스로 질문해본다.
7. 방해 요소 없애기 : 난이도가 높은 일을 진행할 때는 중요하지 않거나 시급하지 않은 일을 잠시 미뤄둔다. 즉, 중요한 보고서를 작성할 때 관련 자료를 확보하고 나면, 기타 업무, 이메일, 메시지 확인 등 보고서 작성에 방해가 되는 일들은 잠시 뒤로 미뤄두는 것이다.
8. 투입 노력 고려하기 : 업무의 수가 너무 많아 부담스럽다면 최소한의 시간과 노력이 드는 업무를 먼저 처리한다. 투입하는 노력의 양과 연간목표 혹은 상위조직 목표에 기여하는 정도를 비교해 우선순위를 정한다. 최소한의 시간과 노력이 드는 일을 먼저 함으로써 한숨 돌릴 여유도 갖고 성취감도 느낄 수 있다.
9. 끊임없이 검토하고 현실에 반영하기 : 수시로 업무목록과 기대하는 결과물의 우선순위를 검토하며 통제력과 집중력을 유지한다.

한 줄 질문

지금 하고 있는 일도 많은데 리더로부터 추가로 업무를 지시받은 경험이 있습니까?
여러분은 그럴 때 리더와 어떻게 소통하고, 어떻게 우선순위를 정했나요?

9

"저 친구 일 좀 하는군."

——— 팀장이 팀원에게 업무를 지시할 때, 팀원은 그 일과 관련된 다양한 사항을 고려합니다. 물론 팀장이 이 모든 고려사항을 일일이 친절하게 가르쳐주면 좋겠지만, 그런 팀장은 흔치 않지요. 성향 탓도 있겠지만, 보통 팀장들은 팀원 스스로가 역량을 키워 창의적으로 성과를 만들어내길 바랍니다. 그래서 하나하나 가르쳐주기보다 스스로 깨우치길 기다리는 것이죠.

물론 팀원 입장에서는 아쉬울 것입니다. "아니, 좀 자세하게 알려주시지…." 혹은 "어떻게 팀장님 속마음까지 알아내라는 거죠?" 싶겠죠. 아무리 오랜 기간 같이 일했더라도 직속 상사의 속마음까지 다 아는 사람은 없을 겁니다. 다만, 조금 더 많이 짐작할 따름입니다.

그럼에도 팀장의 표정과 말 또는 적절한 질문을 통해 그의 속마음을 읽는 것은 중요합니다. 그것을 얼마나 빨리 파악해내느냐에 따라 일의 난이도와 결과물의 완성도가 달라지기 때문입니다. 그렇다면 어떤 방법으로 속마음을 읽을 수 있을까요?

예를 들어 팀장이 여러분에게 이렇게 업무를 지시합니다.

"최근 5년 동안 국내외 주요 임플란트 브랜드의 국내 매출추이에 관한 자료를 조사해서 월요일까지 보고해주세요."

A는 팀장이 시킨 대로 인터넷 등을 검색해서 얻은 통계자료를 모아서 보고합니다. 한편 B는 기초 자료를 조사한 후, 그것을 바탕으로 현재 국내외 임플란트 산업의 이슈, 앞으로의 발전 방향과 대응책 등을 고민해 소신껏 의견까지 첨부합니다. 여러분이 팀장이라면 A와 B 중 어느 쪽 보고서를 더 좋게 평가하겠습니까?

아마 B의 보고를 들은 팀장은 '저 친구, 일 좀 하는군!' 하고 생각하며 흐뭇해하겠죠. 이처럼 팀장의 속마음, 즉 그의 원츠를 파악하지 못하면 같은 일을 해도 헛다리만 짚거나, 업무의 효율과 품질이 떨어집니다.

팀장과의 적극적인 소통이 어려운 상황이라면, '팀장 빙의'를 제안합니다. 팀장 입장이 되어 생각해보거나, 팀장이 업무계획과 현황을 들여다보면 무엇까지 필요할지 감이 올 것입니다. 농담처럼 들리겠지만, 꽤 괜찮은 방법입니다. 여러분도 '일 좀 한다'는 말을 듣고 싶다면, 팀장이 1을 말할 때 10까지 생각할 줄 알아야 합니다. 어렵다면 5까지라도 말이죠.

일에 대한 나만의 소신과 논리가 있는가?

'소신(所信)'은 한자로 '굳게 믿고 있는 바 또는 생각하는 바'를 의미합니다. 즉, 어떤 일을 할 때 자신이 옳다고 믿는 대로 행동하는 것을 말하지요. 여러분은 '소신' 있게 일하고 있습니까? 업무에 대한 나만의 소신과 논리가 있습니까?

남이 시키는 대로 움직이는 것이 아니라, 우리 팀과 회사의 성과를 고려해 나의 소신과 관점으로 재해석하고, 그에 따라 업무를 추진해야 성과다운 성과가 납니다. 여러분의 일에 여러분만의 색깔을 입히라는 겁니다. 같은 일을 하더라도 여러분만의 차별화 전략이 필요합니다.

일하다 보면 새로운 업무를 맡을 때도 많지만 같은 일을 반복적으로 할 때가 많죠. 예를 들어, 여러분이 인사팀에서 리더십 개발을 담당한다면 신임팀장 과정이나 성과코칭 과정처럼 매년 해온 업무를 반복해서 할 것입니다. 그런 상시적인 업무에도 나만의 색깔을 입히려 노력한다면 여러분의 성과향상에도 큰 도움이 됩니다.

자신이 무엇을 어떻게 해야 할지도 모르는 상태에서 남이 하는 말만 그대로 옮겨놓는다면 로봇과 다를 바가 없겠지요. 여러분이 보고서를 작성해 제출했다고 칩시다. 그런데 팀장 혹은 실장이 굳은 표정으로 이렇게 묻습니다.

“박프로의 생각은 뭐죠? 이 보고서를 만든 목적이 뭔가요?”

질문 같기도 하고 질타 같기도 한 이러한 피드백을 받을 때 여러분은 어떤 기분이 드나요? 무안하기도 하고 왠지 섭섭하기도 할 겁니다.

그러나 보고서의 목적을 되물은 팀장을 탓하기 전에 먼저 살펴야 할 것이 있습니다. 내가 정말 생각을 하고 일을 진행했는지부터 되돌아보는 겁니다. 업무는 수요자의 니즈와 원츠를 성과기준으로 삼되, 실행과정은 나만의 창의적이고 혁신적인 방법으로 결정되고 실행되어야 합니다. 그래서 기획안 작성이든 무엇이든 가장 중요한 것은 자신의 생각과 관점을 바탕으로 정리하는 것입니다. 그래야 내 것이 되고 역량이 향상됩니다.

업무의 가장 큰 방향과 목적에는, 팀장의 직접적 요구사항인 니즈를 우선 반영해야 합니다. 그러나 팀장의 숨겨진 욕구인 원츠는 업무지시를 받은 사람이 적극적으로 찾아내야 합니다. 그 과정에서 어떻게 일을 할지에 대한 자신만의 소신과 논리가 나옵니다.

단, 자신만의 소신과 논리라는 말을 ‘내 주관대로 마음껏 진행하라'는 뜻으로 오해해서는 곤란합니다. 일할 때는 항상 결과물에 대해 가치판단을 할 사람, 결과물을 활용할 사람, 나에게 업무를 요청한 사람의 의도를 염두에 두어야 하죠. 그게 일의 원칙입니다. 그러므로 나의 논리가 수요자가 원하는 관점과 대치된다면 일이 엉뚱한 방향으로 갈 수밖에 없습니다.

그런 일을 예방하기 위해서 수요자와의 선제적 소통이 필수입니다. 팀장이 요청한 일을 시작하기 전에 반드시 여러분이 이해한 그림을 그려보고, 그것에 대해 팀장과 의논해 전체적인 틀을 구체화해야 합니다. 그다음 여러분만의 새로운 가치와 의미, 아이디어를 더한다면 좀 더 창의적인 성과로 이어질 것입니다.

한 줄 질문

업무에 대한 나만의 소신과 논리가 우선인가요, 고객의 니즈와 원츠를 맞추는 것이 우선인가요? 이 2가지 요소를 모두 맞추려면 어떻게 해야 할까요?

팀장과의 적극적인 소통이 어렵다면,
'팀장 빙의'를 제안합니다.
팀장 입장이 되어 생각해보거나,
팀장의 업무계획과 현황을 들여다보면
무엇까지 필요할지 감이 올 것입니다.
농담처럼 들리겠지만,
꽤 괜찮은 방법입니다.

10

일을 대하는 관점의 차이가 성과의 차별화 지점이다

반복해서 강조하면, 중요한 것은 무조건 열심히 일하는 것이 아닙니다. 목표와 관련된 쓸모 있는 일을 제대로 해서 성과라는 과녁에 명중시키는 것입니다. '제대로 열심히'의 가장 기본적이고 필수적인 핵심요건은 '타깃'이겠죠. 타깃을 정확히 맞추려면 목표가 명확해야 합니다. 목표가 명확해야 고정변수와 변동변수에 대한 타깃 공략전략이 결정되고, 각각의 전략이 구체적이어야 세부실행 계획을 수립하고 실천하는 과정이 순조롭습니다. 프로성과러들은 다음의 3가지 질문을 시시때때로 던지며 성과에 대한 답을 찾습니다.

1. 내가 지금 하고 있는 일이 성과와 어떤 인과관계가 있는가?
2. 회사의 목표에 부합하려면 어떻게 해야 하는가?

3. 팀장은 어떤 의도로 이 일을 나에게 주었을까?

여러분도 지금 하는 일에 대해서도 수시로 이런 질문을 던져보고 답해보길 바랍니다. 주위 동료나 상위조직 리더에게도 진지하게 물어보기 바랍니다. 만약 이 질문에 제대로 답할 수 없다면 제대로 일하고 있다고 볼 수 없습니다.

무작정 일에 덤비면 결국 '일을 위한 일'을 하는 데 그치고 맙니다. 가령 팀장이나 실장에게 질문할 때도 머리로만 생각하지 말고, 반드시 질문의 의도와 배경을 노트에 스토리와 상황으로 기록해두어야 합니다. 다음에 똑같은 생각이 들 때, 다시 노트를 펼쳐보면 귀중한 참고가 될 테니까요.

경영컨설턴트로서, 그리고 성과코칭을 전파하는 사람으로서 저는 정말 많은 기업의 리더들과 구성원들을 만났습니다. 그들 중에는 짧은 시간에 크게 발전하는 사람들도 꽤 많았습니다. 그런 사람들을 유심히 관찰해보니 공통점이 있었습니다. 바로 일을 대하는 관점이 남다르다는 점이었습니다. '일을 대하는 관점'이 구체적으로 무엇일까요?

제가 '프로성과러'라고 부르는 그들은 크게 3가지 특징이 있습니다. 첫째, 그들은 단기적인 목표보다는 중장기 목표를 염두에 두고 일합니다. 당장 이번 달 성과를 달성하기 위해 다음 달 성과를 무리하게 끌어오거나 최종 목표와 맞지 않는 행동을 하지 않았습니다.

둘째, 자신의 목표에만 몰입하지 않고 회사와 상위조직의 목표를 염두에 두고 일합니다. 그들은 자신이 하는 업무의 결과물이 조직 전체의 비전과 어떻게 연결되는지, 상위조직의 목표와 어떻게 어우러져 시너지를 낼지 생각하며 일합니다.

셋째, 프로성과러는 자기 입장이 아닌 수요자나 고객의 입장에서 일합니다. 똑같은 일을 해도 내부 고객인 리더(팀장, 실장 등)와 외부 고객인 최종 수요자가 원하는 바에 맞추어 일을 해냅니다. 어쩌면 이 마지막 특징이 제대로 일하고 성과를 만들어내는 가장 중요한 차별화 전략 아닐까요? 수요자가 기대하는 결과물을 성과로 창출해내기 위해 가장 빠른 길을 모색하는 것이 진정한 의미의 '성과주의'이고, 그것을 자신의 소신과 논리로 해내는 사람이 바로 그들입니다.

일을 바라보는 다양한 관점, 멘토에게 배워라

우리가 조직에서 하는 일 중에 혼자서 다 할 수 있는 일은 사실상 별로 많지 않습니다. 각자 다른 능력과 역량을 가진 사람들이 모여서 함께 일하는 곳이 조직입니다. 개개인이 고유의 역할과 책임을 수행하고, 선행결과물과 후행결과물을 책임집니다. 혼자 모든 것을 하기란 불가능하죠.

여러분은 일을 기획할 때 어떻게 하나요? 여러분이라는 1인의 자원만을 활용하여 100을 창출할 것을 목표로 삼나요? 아니면, 내외부에서 가용할 수 있는 최대한의 소스를 충분히 활용해 200을 목표로 삼나요? 후자처럼 생각하고 기획하는 것이 바람직합니다. 여러분 자신의 시각에서 바라볼 것이 아니라 우리 조직의 시각에서 바라보는 것이 중요하다는 이야기입니다.

'조직 내에서 상급자와 하급자 간의 강력하고도 지속적인 관계발전을 조성하거나 유지시키는 일련의 과정'을 의미하는 멘토링(mentoring)은 이럴 때 유용합니다. 멘토링이 잘 이루어지는 조직은 미래가 밝습니다. 여러 학자가 밝혀낸 바에 따르면, 멘토링 수준이 그 조직과 개인의 역량을 결정짓는다고 합니다. 보스턴 대학교의 케이티 크램(Kathy Kram)은 멘토링에는 2가지 기능이 있다는 연구결과를 발표했습니다.

첫째, 멘토링은 멘티가 자신의 역할을 잘 수행할 수 있도록 방법을 지원할 뿐 아니라 조직 내에서 승진이나 경력개발을 미리 준비하도록 돕는 경력기능(career function)이 있습니다. 둘째, 멘토링은 상호 신뢰와 친근감을 바탕으로 멘티가 조직생활을 하는 데 자신감을 갖도록 도와주는 사회심리적 기능(psychosocial function)이 있습니다.

혹시 여러분의 조직에도 여러분에게 경력개발을 도와주고 자신감을 주는 멘토가 있습니까? 없다면 지금이라도 여러분을 도와줄 사람을 찾아서 꼭 사내 멘토를 만들면 좋겠습니다. 좋은 멘토를 찾는 순간, 여러분은 조직 내 역량이 높아질 테니까요. 그리고 일을 바라보는 다양한 관점도 배우게 될 것입니다.

한 줄 질문

여러분은 무조건 열심히 일하는 사람인가요, 제대로 열심히 일하는 사람인가요?

11

100% 목표달성을 위해 120% 전략을 준비하라

'성과'란 일정 기간에 일을 통해 수요자가 기대하는 결과물이 목표한 대로 이루어진 상태를 의미합니다. 여러 번 설명했으니 이제 개념이 조금 머릿속에 잡혔을 것입니다. '성과'의 한자어를 풀어보면 '이룰 성(成)'과 '실과 과(果)', 즉 '열매를 맺는다'는 뜻이죠. 성과를 의미하는 영어단어 '퍼포먼스(performance)'도 같은 의미입니다. 기준을 뜻하는 per와 완성된 형태 form, 그리고 상태나 행동을 의미하는 접미사 ~ance의 합성어이기 때문입니다. 그렇게 만들어진 단어 performance는 직역하면 '완성된 형태의 기준 상태'입니다. 이것은 건물을 짓기 전에 건물이 완성된 모습을 사전에 스케치해놓은 그림을 뜻하는, 한자어 '조감도'로 바꿔 말할 수도 있습니다.

성과란 조감도처럼 일의 결과물이 완성된 모습을 구체화한 모습입니다. 그래서 성과를 냈다는 것은 사전에 목표한 조감도대로 모두 이루어졌다는 것을 말합니다. 건물을 짓기 전에 조감도가 필요한 것처럼 업무를 시작하기 전에 '무엇을 어떻게 할까?'를 넘어 '일(과제, 업무)을 통해 달성하고자 하는 수요자가 기대하는 결과물'을 먼저 구체적으로 그려놓아야 합니다. 그러한 구체적인 그림을 먼저 그리고 나서 일해야 하는 이유가 있습니다.

조감도를 그리려면 먼저 여러분이 공략할 대상을 명확히 해야만 합니다. 그래야 일이 완성된 결과물을 설명할 수 있습니다.

최종목적지를 모른 채로 여행을 떠나본 적이 있습니까? 보통은 그런 경우가 거의 없지만, 혹여라도 그런 식으로 여행을 떠나면 발길 닿는 대로 여기저기 떠돌 수밖에 없습니다. 물론 그것도 나쁘지 않습니다. 뜻밖의 인연을 만나는 행운도 있을 테니까요.

하지만 일은 여행이 아닙니다. 우리는 정해진 기간 내에 한정된 자원을 가지고 수요자가 기대하는 결과물을 지속적으로 만들어내야 합니다. 실행하는 사람의 입장에서는 일을 시작하기 전에 애매모호한 모든 것을 제거해야 합니다. 일의 목적과 방향을 최대한 명확하게 밝히고, 고객이 기대하는 결과물이 어떤 모습으로 이루어져야 하는지 구체적으로 그리고 합의해야 합니다.

달성하고자 하는 결과물이 명확하지 않으면 시간은 시간대로, 힘은 힘대로 다 쏟고도 성과가 나지 않습니다. 세상 어디에도 시간과 자원이 남아도는 조직은 없습니다. 한정된 자원을 가지고 정해진 기간 내에 업무를 끝내야 한다면, 즉 수요자가 기대하는 결과물을 이루어내야 한다면, 가뜩이나 부족한 시간과 에너지를 엉뚱한 곳에 낭비해서는 안 되겠죠?

일이 기획한 대로 잘 진행되지 않을 때 어떻게 하면 좋을까요? 최초에 일을 시작한 시점으로 돌아가보세요. 일을 진행하다 보면 여러 가지 이유로 목적과 방향이 흐려지거나 사라집니다. 이럴수록 처음으로 돌아가 근본적인 취지에 대해 다시 생각해보는 겁니다. 여기서 말하는 '근본적인 취지'의 역할을 하는 것이 바로 구체화된 목표입니다. 목적과 방향, 달성된 상태를 처음부터 확실히 해두면, 일하는 중에 안갯속에서 헤매는 시간이 줄어들고 기대했던 결과물에 더 쉽게 다가갈 수 있습니다.

명확히 할 것이 또 있습니다. 일의 일정과 분량입니다. 언제까지 얼마나 할 것인가도 미리 정해야 합니다. '하다 보면 대충 알겠지' 하는 마음으로 무턱대고 시작하지 마세요. 일을 시작하기에 앞서 한 달, 한 주, 하루 동안 할 수 있는 일의 양을 정해서 계획을 세워보세요. 그래야 내가 해야 할 일이 무엇인지, 얼마만큼의 양을 언제까지 해야 하는지 알 수 있습니다.

경우에 따라 주어진 일을 혼자서 모두 해내기가 버거울 때도 있습니다. 그럴 때를 대비해 일의 진도를 계획하고 우선순위를 정해 반드시 해야 하는 업무부터 진행하는 것이 좋습니다.

다시 말하지만, 성과물이 명확하게 머릿속에 그려져야 합니다. 그렇지 않으면 중요한 일이 무엇인지 파악하지 못한 채 일의 미아가 됩니다. 미로를 헤매는 것처럼 허둥대며 어영부영 시간을 낭비하고 싶은 사람은 아무도 없을 겁니다. 그렇게 되지 않으려면 자신의 목적지를 시각화하는 역량이 꼭 필요합니다.

하고자 하는 일의 '기대하는 결과물'을 시각화하라

목표는 누가 봐도 똑같이 받아들일 수 있어야 합니다. 주관적으로 각자 다르게 해석할 수 있다면 그것은 잘못된 목표입니다. 여러분의 목표는 어떤가요? 여러분뿐만 아니라 누구나 같은 의미로 받아들이고 공감할 수 있는 목표인가요? 측정이 가능한 수치로 표현되어 있거나 객관화되어 있습니까? 수치화, 객관화된 목표여야만 팀장과 팀원 간에도 오해가 없고, 투명한 평가와 피드백을 주고받을 수 있습니다.

예를 들어 여러분에게 '역량 중심의 채용시스템 구축'이라는 업무가 주어졌습니다. 그렇다면 그 일의 목표를 어떻게 설정해야 할까요?

첫째는 과제수행을 판단할 기준을 정해야 합니다. '역량 중심의 채용시스템 구축'이라는 과제를 제대로 수행했는지를 판단할 기준을 만들라는 말입니다. 수요자가 기대하는 결과물에 대한 기준이 과제수행의 판단 기준이 될 것이고, 그것을 목표로 설정해야 합니다. 이때 목표를 수치화하기보다는 현행과 비교해서 개선된 채용시스템이 어떤 모습이어야 하는지를 구체적으로 생각해보고, 개선 이전과 이후를 비교해 달라진 모습을 객관적으로 표현해봅니다.

그다음으로는 과제수행 이후의 모습을 객관화·수치화해야 합니다. 역량 중심의 채용시스템 구축이라는 과제가 완료되고 나서 실행되었을 때, 구축하기 이전과 이후의 모습이 어떻게 달라져야 하는지를 목표로 설정한다면 다음과 같이 수치화할 수 있겠죠.

1. 현업 부서장의 동의율 80%
2. 입사 1년 미만 직원의 이직률 10%

이러한 형태의 목표는 기대효과의 성격을 띱니다. 과제수행을 통해 본질적으로 의도하는 바를 수치 목표로 구체화한 형태라고 할 수 있습니다. 이와 같이 목표를 설정할 때는 과제나 프로젝트 자체를 수행할 때의 목표와 수행하고 나서 나타날 기대효과 형태의 목표를 구분해야 합니다.

그렇다면 '역량 중심의 채용시스템 구축'의 궁극적인 목적이 무엇일까요? 프로젝트를 수행하고 났을 때 어떤 모습일지를 생각해보면 됩니다. 역량 중심의 채용시스템 구축이 완료된다면, 그 결과물의 모습에는 다음과 같은 항목이 포함되어야 합니다.

1. 채용 모집 기준에 어떤 것이 포함되어야 하는지,
2. 면접 절차는 어떠해야 하는지,
3. 면접내용과 항목은 어떠해야 하는지,
4. 면접자는 어떤 자격 기준을 갖추어야 하는지,
5. 채용 후 인턴기간은 어느 정도여야 하는지

역량 중심의 채용 시스템 구축이 완료되었을 때의 제도적 기준을, 사전에 객관적인 형태로 표현한 것이 성과목표가 되어야 한다는 겁니다.

목표를 설정할 때는 자신의 역량과 노력으로 달성할 수 있는 수준의 120% 정도로 잡는 것이 좋습니다. 물론 여러분의 팀장이나 실장이 이미 그렇게 했을 것입니다. 목표의 수준은 항상 상위 조직 리더가 부여하는 것이고, 목표달성 상태의 내용은 실행하는 사람이 구체화합니다.

목표를 120% 수준으로 설정하는 이유는 목표를 동기부여

수단으로 삼기 위함입니다. 목표를 여러분이 할 수 있는 수준보다 낮게 혹은 비슷하게 잡으면 어떻게 될까요? 큰 노력을 들이지 않아도 쉽게 달성할 수 있어 매너리즘에 빠지기 쉽습니다. 반면 목표를 자신의 역량과 능력에 비해 지나치게 높게 잡는 경우는 어떨까요? 아무리 노력해도 달성할 수 없겠다는 생각에 의욕이 사라지거나 지레 포기할 수 있습니다.

그렇다면 여러분이 잡은 목표의 수준이 적정한지 판단하려면 어떻게 해야 할까요? 우선 여러분이 그 목표를 달성하기 위해 어떤 전략과 방법을 적용할 것인지, 그것을 위해 가진 역할과 책임이 어디까지인지, 조직의 도움이 필요한지, 전략을 실행하기 위해서는 어느 정도의 예산과 인력이 필요한지 파악해야 합니다. 구체적인 상황을 파악한 후에 목표를 부여한 상위조직의 리더에게 고정변수와 변동변수로 구분한 구체적인 전략을 설명합니다. 그리고 코칭받는 과정을 거치면서 목표달성에 대한 확신을 갖는 과정으로 이어갑니다.

평범한 팀원과 프로성과러는 타깃으로 삼는 목표의 수준과 내용에서부터 벌써 차이가 납니다. 보는 눈이 다르고 바라보는 곳이 다르니까요.

한 줄 질문

여러분의 업무목표는 여러분에게 적당한 수준인가요?
여러분에게 적당한 수준의 목표를 잡으려면 어떻게 해야 할까요?

목표는 누가 봐도
똑같이 받아들일 수 있어야 합니다.
주관적으로 각자 다르게 해석한다면
그것은 잘못된 목표입니다.
여러분의 목표는 어떤가요?
여러분뿐만 아니라 누구나 같은 의미로
받아들이고 공감할 수 있나요?
측정이 가능한 수치로 표현되어 있거나
객관화되어 있습니까?

Part 2

일하는 중

팀장이 궁금해하지 않도록 중간결과물을 공유하라

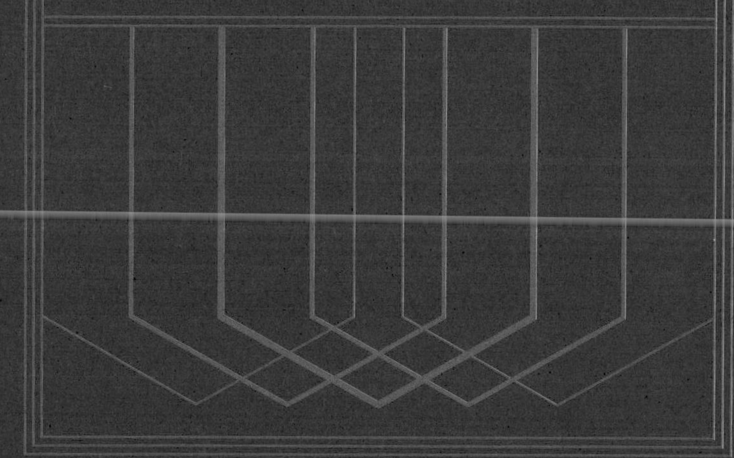

체조 선수가 구분 동작을
따로따로 훈련하듯 업무도 잘게 나눠
구체적으로 표현해보세요.
팀장에게 여러분이 하고 있는 일을
얼마나 자주 공유하고
피드백 받느냐에 따라
여러분의 업무성과와
역량의 성장속도가 달라집니다.

1

프로성과러는 매일 자신에게 묻는다

평소에 자신의 의견을 갖고 일하는 습관을 길러야 여러분의 언어로 일을 풀어갈 수 있습니다. 프로성과러는 끊임없이 자신에게 다음과 같은 질문을 던지며 일을 바라봅니다.

'도대체 저 일을 왜 할까?'
'저 일을 통해 기대하는 결과물이 뭘까?'
'기대하는 결과물을 달성해내는 데 변동변수는 뭐지?'
'나라면 어떻게 할까?'
'다른 방법은 없을까?'

프로성과러는 매사에 문제의식을 갖고 이러한 질문을 던지며 숙고합니다. 이런 자문자답을 반복하다 보면 같은 질문이라도 일의 성격에 따라 대답이 달라짐을 깨닫습니다. 그 과정에서 창의적으로 문제를 해결하는 역량 또한 자연스럽게 길러지죠.

물론 그런 과정이 말처럼 쉽지는 않습니다. 처음에는 '다른 할 일도 많은데 이렇게까지 고민하며 해야 하나' 하는 회의감도 들 수 있어요. 지금 당장 급한 일을 처리하는 데는 별 도움이 안 되기도 하고, 이런 고민을 하지 않아도 별 문제가 없기 때문입니다.

그러나 자신에게 매일 질문하고 고민하며 답을 찾다 보면 당장은 달라진 점을 느끼지 못하더라도 가랑비에 옷 젖듯 자신이 성장하고 발전했음을 느끼는 순간이 옵니다. 여러분뿐만 아니라 주변 사람들도 알아챌 만큼 말이죠. 이때 그냥 막연하게 속으로만, 머리로만 고민하고 생각할 것이 아니라 반드시 적어야 합니다. 노트나 휴대폰에 글로 적으면 주관적인 생각이 객관화됩니다(어떻게 적어야 하는지는 뒤에서 자세하게 설명하겠습니다).

일을 기획할 때와 마찬가지로, 일하는 중간에도 나의 소신과 논리, 나만의 색깔을 찾는 노력이 지속적으로 필요합니다. 팀장을 포함해 여러분 주변 사람들이 알아주지 않는다 하더라도 여러분의 미래를 위해 분명 피가 되고 살이 되는 귀중한 학습 과정입니다. 스스로 질문하고 자신의 언어로 일을 풀어나가는 훈련을 해두지 않으면 시간이 흘러 직위와 직책이 올라가도 계속 다른 사람에게 의지하게 됩니다. 그때 가서 더 큰 고민을 할 바에야 하루라도 젊을 때 여러분의 언어, 소신, 논리로 무장하기 바랍니다.

남의 인정이나 칭찬보다 중요한 것

타인으로부터의 인정과 칭찬을 갈구하는 것은 인간의 본능적인 욕망입니다. 사람은 누구나 인정과 칭찬을 통해 자신의 존재가치를 확인하고 성장합니다. 그러나 개인심리학의 창시자 아들러는 "타인의 인정을 구할 필요가 없다."고 단언합니다. 다른 사람들의 칭찬과 인정을 구하는 삶을 살면, 그들의 기대를 만족시키는 삶을 살게 될 위험이 크다는 거죠. 부모님의 인정, 리더의 인정, 친구의 인정에 목매는 사람이 많습니다. 결국 남의 기준, 남의 판단으로 자신을 평가하게 되고, 늘 남의 눈치를 볼 수밖에 없죠. 진정으로 그런 삶을 원하나요? 점점 내 삶에서 멀어지고 '다른 사람이 바라는 삶'을 살고 싶은가요?

아들러는 이렇게 묻습니다. "만일 당신이 다른 사람의 삶을 산다면, 누가 당신의 삶을 살아 줄 것인가? 당신 자신의 삶을 살 사람은 바로 당신이다."

여러분은 영화나 드라마의 배우도 아닐뿐더러 연극이나 뮤지컬의 등장인물도 아닙니다. '나는 나일 뿐'이며 이 세상의 유일무이한 존재죠. 우리 자신의 삶을 살기 위해서는 타인의 판단, 시선과 기대에 따라서 사는 삶, 타인의 칭찬과 인정을 구하는 삶을 뛰어넘을 필요가 있습니다.

그렇게 하기 위해서는 각자 자신이 이 세상을 살아가면서 추구하는 가치가 무엇인지, 즉 미션(mission)을 명확하고 구체적으로 작성해볼 필요가 있습니다. 자신이 무엇을 위해 살고 있는지, 그러한 목적 있는 삶을 통해서 추구하고자 하는 가치, 기여하고자 하는 가치가 무엇인지, 한마디로 자신이 이 세상에 살아가는 존재이유를 명료하게 할 필요가 있습니다.

그리고 이러한 미션을 추구하기 위해 자신이 선택한 수단인 비전(vision)도 구체화할 필요가 있습니다. 비전이란 미션을 추구하기 위해 선택한 자신의 핵심역량을 갖춘 모습, 주특기를 갖춘 모습, 미래에 되고자 하는 자신의 차별화된 모습이라고 할 수 있습니다.

미션과 비전이 구체화되고 나면 비전이 달성된 모습을 가시적으로 눈에 보이도록 형상화하는 과정이 필요합니다. 눈에 보이지 않으면 제대로 인식하지 못할뿐더러 동기부여가 제대로 안 되기 때문입니다. 비전은 일종의 3년, 5년, 7년, 10년 후의 중장기목표라고 할 수 있습니다. 목표는 기간에 상관없이 항상 마감기한, 달성 수준(level), 달성된 상태(achieved state)라고 하는 3가지 조건이 갖춰져야 합니다.

미션과 비전과 목표가 구체적으로 설정되어 있으면 자신만의 차별화된 삶을 살 수 있습니다. 다른 사람의 삶과 비교할 필요가 없습니다. 남의 성취를 시기하거나 질투할 필요도 없고요. 오직 자신의 미래비전과 목표를 현재와 비교해가면서 성장하고 발전하는 삶을 살아갈 수 있습니다.

미션과 비전이 명확하고 구체적인 사람은 타인의 평가와 칭찬, 인정에 일희일비하지 않습니다. 한마디로 '쿨하게' 받아들이고 자신의 인생을 삽니다. '모든 선택은 나에게 달려 있다'는 금언을 마음속에 단단히 새기길 바랍니다. 물론 이 말은 일에 지장을 주는 타인의 시선과 평가에서 자유로워지라는 뜻이지, 타인의 조언이나 도움까지 받지 말라는 뜻은 아닙니다.

한 줄 질문

여러분은 평소에 일할 때 여러분만의 소신을 갖고 일하는 편입니까?
일할 때 '나만의 소신'을 가지려면 무엇이 필요할까요?

2

일의 덩어리, 잘 자르기만 해도 200% 쉬워진다

1주일, 1개월 또는 그 이상이 걸리는 업무를 방치하고 있다가 마감일 직전이 되어서야 부랴부랴 급하게 처리해본 적이 있을 것입니다. 이렇게 업무를 마무리하면 "아, 진작 좀 해둘걸." 하는 후회가 몰려옵니다. 그렇게 몰아서 한 일은 어찌어찌 끝내고 나서도 뭔가 만족스럽지 못하고 찜찜한 경우가 많고요.

규모가 큰 프로젝트나 시간이 오래 걸리는 업무를 맡으면 처음에는 누구나 막막합니다. 그래서 심리학자들 말로는 많은 사람이 '계획오류'에 빠진답니다. 이를테면 '한 달이나 남았는데 좀 천천히 해도 되겠지 뭐. 시간이 이렇게 많은데 설마 못 끝내겠어?' 하는 안일한 생각에 빠져 결국 막판에 벼락치기를 한다는 것입니다.

일에 대한 현황파악이 잘 안 되거나 기대하는 결과물에 대한 감이 없으면 누구나 답답한 생각이 듭니다. 대체 어디서부터 어떻게 손을 대야 할지, 일을 어떻게 나눠야 할지, 언제까지 누구와 함께 일을 해나가야 할지 등이 쉽게 손에 잡히지 않기 때문입니다. 문제는, 이처럼 시간이 오래 걸리거나 규모가 큰 프로젝트는 늘 중요도가 높은 중장기 업무라는 점입니다. 이런 업무를 주어진 기간 내에, 기대하는 수준의 결과물을 만들어 완수하려면 어떻게 해야 할까요?

먼저 최종결과물을 기간별로 세분화해 과정결과물로 단순하게 만들어봅니다. 한눈에 보고 관리하기 위함입니다. 업무를 프로세스별로 구분하고 단계마다 나와야 하는 중간성과물로 업무 단위를 구분해봅니다. 마지막에 나오는 최종성과물은 그 중간성과물들이 모여 만들어지는 것이기 때문입니다.

전체성과물뿐 아니라 프로세스별로 중간목적지인 성과물이 무엇인지도 파악해두어야 합니다. 그래야 어느 단계가 최종성과를 내는 데 가장 중요한지 파악할 수 있고 어떤 일을 먼저 하고 나중에 할지를 결정할 수 있습니다. 이렇게 일을 나눠 체계를 잡아두면 '선택과 집중'을 하기가 한결 쉬워지겠죠?

예를 들어 "1년 이내 5억 원 매출을 낼 수 있는 신상품 3개 런칭"이라는 목표가 있다고 칩시다. 무엇부터 시작해야 할지 모르는 사람은 부담감만 잔뜩 짊어진 채 하루하루를 보낼 것입니다. ‘일단 뭐라도 하자’ 하는 심정으로 이것저것 시도하다 보면 뚜렷한 성과도 없이 우왕좌왕하며 시간만 가겠죠.

이럴 때는 되도록 빨리 큰 업무를 작은 업무로 잘라내야 합니다. 1년 동안 해야 하는 큰 업무를 이번 분기, 이번 달, 이번 주, 오늘 할 일로 작게 나눕니다. 그렇게 큰 업무를 세세하게 분해해 보면 오늘 반드시 어떤 성과물을 만들어내야 할지가 명확해집니다. 합리적인 맥락에서 흐름을 잡을 수 있습니다.

과정결과물 시각화, 이것만 기억하라

그냥 생각 없이, 늘 하던 대로 일하는 사람들이 너무 많습니다. 여러분은 일을 해서 얻을 결과, 즉 수요자가 기대하는 결과물을 구체적으로, 생생하게 그려본 적 있습니까? 아니면, 지금이라도 그려볼 수 있습니까?

프로성과러들은 이런 질문에 당황하지 않습니다. 자신이 하고자 하는 일의 결과물을 마치 이미 이루어진 것처럼 생생하게 다른 사람에게 설명할 수 있으니까요. 반면 일못러들은 “해보지도 않고 어떻게 아나요?” 하며 질문한 사람을 오히려 당황스럽다는 듯이 바라봅니다.

처음에는 누구나 익숙하지 않습니다. 마치 눈앞에 있는 것처럼 결과를 먼저 예측하고 실행에 옮기라는 것이 말입니다. 성과물을 머릿속에 그려보는 것 역시 어려울 수 있습니다. 하지만 연습을 통해 이를 생생하게 그려낼 수 있을 때 여러분도 프로성과러 반열에 오를 수 있습니다.

최종결과물은 그래도 노력하면 어느 정도 구체화할 수 있을 겁니다. 중요한 것은 월간이나 주간, 일일 단위로 과정결과물을 시각화하고 객관화할 수 있는 역량입니다. 사람들은 최종결과물을 염두에 두고 실행과정에는 해야 할 일들, 즉 액티비티 리스트(activity list)나 투 두 리스트(to do list)를 일정별로 관리하는 데 익숙합니다. 물론 모든 과정이 최종결과물을 위한 선행과제입니다. 하지만 일일, 주간, 월간 단위에서 무엇을 어떻게 할지에 대한 의사결정 기준은 최종결과물을 캐스케이딩한 기간별 과정결과물이어야 훨씬 더 명확해지고 달성할 확률도 높아지죠.

먼저 내가 달성해야 할 성과목표의 전체를 파악하고 일의 조감도를 그립니다. 앞에서도 말했죠? 먼저 '이 일을 왜 하지?'를 생각해보세요. 일의 배경과 목적을 알아야 기대하는 수준도 알 수 있습니다. 일의 배경을 파악하는 것은 기대하는 결과물을 구체화하는 가장 중요한 단서입니다. 과제에 대한 객관적인 현황과 수요자의 요구기준을 파악하는 것이 최우선입니다.

일을 시작하기 전에 그 일을 통해서 내가 무엇을 만들려고

하는지, 어떤 결과가 나오기를 바라는지 생각해봅니다. 이것을 점점 구체화시키면 일을 통해 얻고자 하는 결과물의 세부 구성요소와 상태들이 서서히 입체적으로 드러납니다. 마치 건물을 짓기 전에 미리 완공 후의 모습을 그려둔 조감도와 유사합니다. 조감도를 보면 집을 짓고 난 후의 완성된 상태를 한눈에 볼 수 있지요.

이렇게 전체 결과물의 조감도가 구체화되면 월간, 주간, 일일 단위로 과정결과물을 나눠야 합니다. 이것을 캐스케이딩이라고 합니다. 폭포수가 단계적으로 내려오는 모습을 생각하면 됩니다. 캐스케이딩은 시간적 캐스케이딩과 공간적 캐스케이딩으로 나눌 수 있는데, 단순히 최종결과물을 1/n으로 나누는 디바이딩과는 다릅니다.

일을 시작하기 전에 결과물을 조감도로 그릴 줄 아는 사람은, 무엇이 가장 중요한지 파악하기도 쉽고 다른 사람에게 공유하기도 수월합니다.

한 줄 질문

지금 하고 있는 일에 관해 월간, 주간, 일일 단위로 기대하는 과정결과물을 구체적이고 생생하게 그릴 수 있습니까?

3

보고는 타이밍이다

어디서나 인정받는 프로성과러들은 보고도 남다릅니다. 보고의 마감기한을 칼같이 지키는 것은 기본이고, 보고 받는 사람을 배려하는 보고를 합니다.

어느 날, 팀장이 임원에게 보고할 자료를 여러분에게 준비해 달라고 요청했습니다. 임원에게 보고하기로 한 날이 다음 주 월요일입니다. 그렇다면 여러분은 언제쯤 팀장에게 자료를 전달하고 보고해야 할까요? 아무리 늦어도 금요일 오후에는 보고해야 합니다. 그래야 자료를 수정할 수도 있고 팀장의 의견을 반영할 수 있기 때문입니다.

오늘 오후 5시에 팀장이 본부장에게 보고해야 하는 문서를, 4시 50분에 제출하는 팀원이 간혹 있기도 합니다. 이들은 이렇게 말합니다.

"팀장님이 5시에 보고할 문서라고 하셔서 10분 전에 드렸는데 뭐가 문제죠?"

자신은 마감시간을 지켰으니 아무 문제가 없다는 것입니다. 심지어 팀장이 보고서에 태클 거는 것이 싫어서 일부러 마감시간 직전에 전달한다는 사람도 있습니다. 이런 경우라면 팀원의 보고서가 아무리 흠잡을 데 없이 완벽하다 하더라도 팀장은 의심할 수밖에 없습니다. '자기가 쓴 보고서는 완벽하니 나보고 앵무새처럼 본부장님께 전달만 하라는 건가?' 아무리 일을 잘해도 태도와 의도가 건방진 것으로 오해받을 수 있습니다.

물론 이런 경우는 별로 없습니다. 보고시간 10분 전까지 '왜 보고를 안 하지?' 하고 기다리는 팀장도 많지 않고요. 대부분 노련한 프로성과러들이 팀장이나 실장 같은 부서장이 되기 때문에, 그는 미리 여러분에게 언제 제출할지를 확인합니다. 그러나 팀장이 제출일정까지 체크하게 만들어서는 안 됩니다. 그 말은 곧 '저는 주체적으로 일하는 사람이 아니라 당신의 심부름꾼입니다'라는 것을 스스로 인정하는 것과 같습니다.

팀장을 배려해 마감시간보다 반나절 먼저 보고한다면, 팀장은 생각할 시간 여유가 생깁니다. 그뿐 아니라 '이 팀원이 나를 존중하는구나'라는 좋은 인상까지 심어줄 수 있습니다. 일석이조입니다.

그리고 보고의 성격에 따라 타이밍도 달라집니다. 프로성과러는 보고 종류에 따라, 상황에 따라 최적의 타이밍을 맞출 줄 아는 사람입니다. 예를 들어 장기업무의 경우는 무조건 중간보고를 해야 합니다. 이때 장기업무란 1주일 이상 이어지는 업무를 의미합니다. 최소한 1번 이상 중간보고를 하는 게 좋습니다. 중간보고만 잘해도 팀장이나 실장은 여러분을 든든하게 생각할 것입니다. '내가 신경 쓰지 않아도 이 친구는 알아서 잘하는구나'라는 믿음을 갖죠.

수개월이 걸리는 프로젝트성 업무일 때는 적어도 매주 1회 특정 시간을 정해 리더에게 진행상황을 보고합니다. 이때는 보고 양식도 프로젝트의 성격에 맞춰 작성합니다. 지난주 진행사항과 결과물, 이번 주 진행사항과 예상 결과물, 향후 마감일정 등으로 리더가 궁금해할 내용을 반드시 포함해 보고하는 것이 좋습니다.

기간에 상관없이 업무를 진행하며 이슈가 생겼을 때는 무조건 신속하게 보고해야 합니다. 긴급한 상황이라면 더더욱 시간, 장소, 수단을 가리지 말고 문제를 객관적으로 보고합니다. 보고용 문서를 공들여 만든다거나 주변 상황을 체크하는 데 시간을 낭비해서는 안 됩니다. '이게 정말 문제 상황인가? 100% 문제라고 확신할 수가 없는데?' 하는 마음이 들더라도, 일단 최대한 빠르게 문제 자체와 체크하지 못한 사항을 확인해 보고해야 합니다. 그리고 가능하다면 원인과 대응방안까지 준비해서 보고한다면 금상첨화겠죠. 이렇게 급박한 이슈가 생긴 업무는, 그 문제가 해결될 때까지 대응상황과 향후 진행방안을 보고하고, 최종결과를 보고할 때는 재발 방지대책까지 준비해서 보고하는 것도 팁입니다.

일을 진행하다 보면 계획과 다르게 변동사항이 생기곤 합니다. 그런 경우에도 변경된 사항이 담당자의 권한을 넘어 팀장이나 실장의 책임이 요구되는 경우라면 반드시 보고해야 합니다. 특히 권한을 부여받았을 때와 달리 심각한 변화가 발생한 경우에는 반드시 변경 전에 보고해 상위리더의 의견을 반영하는 것이 좋습니다. 또한 변경사항을 보고할 때는 팀장이나 실장이 변경 전후의 내용을 한눈에 파악하기 쉽도록 정리해서 보고하는 것이 중요합니다.

글로 쓰고 말로 뱉어야 목표가 달성되는 이유

"표현력 좋은 사람이 업무성과도 좋다!"

앞에서 매일 질문하고 고민한 내용을 꼭 글로 적어두라고 했습니다. 표현력이란, 나의 생각이나 느낌 등을 언어나 몸짓 같은 형상으로 나타내는 능력을 말합니다. 아무리 많은 것을 알고 있다 하더라도 이를 적절한 때에 적절한 방법으로 표현하지 못하면 아무 소용이 없겠지요.

어떤 사람들은 '표현하라'의 의미를 '능력이나 성과를 과장하라'는 것으로 잘못 이해하는 듯합니다. 또 '능력과 성과를 어떻게 매번 말이나 글로 표현하느냐'며 반문하는 사람도 있죠. '머릿속에서 맴돌고 있는데 어떻게 설명해야 할지, 어떻게 표현해야 할지 잘 모르겠다' 하는 분도 많습니다.

조직의 성과물은 구성원 개개인의 성과물을 합산한 결과입니다. 일을 통해 내가 해내고자 하는 것을 정확하게 상대방에게 말이나 글로 표현하지 못하면, 그 일을 제대로 할 수 있을까요? 일이 엉뚱한 방향으로 진행되지 않을까요? 여러분의 능력이나 성과를 과장해서 표현하는 것도 곤란하지만, 반대로 제대로 표현하지 못해서 인정을 못 받거나 원하는 성과를 만들지 못하는 것도 안타까운 일입니다. 설명하고 표현하는 훈련을 평소에 조금씩 해보세요. 소소하게는 일상을 관찰하고 글로 기록하는 것부터 시작할 수 있습니다.

업무와 관련된 것도 마찬가지입니다. 마치 체조 선수가 구분동작을 따로따로 훈련하듯, 업무도 잘게 나눠 구체적으로 표현해보고, 직직을 객관적 시선에 입각해 설명하는 연습을 해보는 것입니다.

예를 들어, 아침에 출근해서 일을 시작하기 전에 오늘 내가 하고자 하는 일은 무엇인지, 무엇을 위해 그 일을 해야 하는지 기대하는 결과물을 적어봅니다(2부 첫머리에서도 강조한 이야기죠). 오늘 여러분이 하고자 하는 일은 퇴근 전에 끝낼 수 있는 일인가요? 그렇다면 그 일의 명칭을 구체적으로 정해봅니다. 하고자 하는 일을 끝냈을 때 기대하는 결과물과 예상소요시간도 적어봅니다. 기대하는 결과물을 이루는 데 통제할 수 없는 돌발변수(예상리스크요인)는 없는지 살피고, 그 예상리스크가 구체적으로 무엇인지, 사전에 어떻게 대비할 수 있는지도 적습니다. 구체적으로 글로 적은 다음에는 남들 앞에서 브리핑하듯이 말로 표현해봅니다.

쓰고 말하는 과정을 통해 우리는 머릿속에서 어지럽게 둥둥 떠다니던 주관적 생각들을 구체화할 수 있습니다. 그러면 시각화도 가능하죠. 뒤엉킨 생각들이 시각화·객관화되면 일의 맥락과 방향이 손에 확 잡힙니다.

한 줄 질문

수요일 오후 5시에 팀장이 본부장에게 보고해야 하는 문서를 작성해야 한다면, 여러분은 언제 팀장에게 보고하겠습니까?

일을 통해 해내고자 하는 것을
정확하게 말이나 글로 표현하지 못하면,
그 일을 제대로 할 수 있을까요?
일이 엉뚱한 방향으로
진행되지 않을까요?
여러분의 능력이나 성과를
제대로 표현하지 못해서
인정을 못 받거나 성과를 만들지
못하는 것은 아닌가요?

4

나만의 골든타임을 찾아라

여러분은 언제 일이 잘되나요? 이 질문에 상세하고 분명하게 말할 수 있다면 여러분은 일을 잘하는 사람입니다. 우리에게 주어진 업무는 대부분 마감기한이 있습니다. 프로성과러들은 대부분 기간 안에 일을 잘 끝냅니다. 반면, 일못러들은 똑같은 시간을 주어도 마치지 못합니다. 이상하게도 그들에게는 사건, 사고가 자주 생기고, 이런저런 부득이한(?) 이유와 상황들이 벌어집니다. 그래서 자주 마감기한을 넘깁니다.

둘의 차이점은 뭘까요? 프로성과러들은 자신이 시간을 어떻게 사용하는지 늘 확인합니다. 그들은 평소에 무엇을 하는 데 얼마만큼의 시간을 썼는지 분석하고, 그중 낭비되는 시간이나 자투리 시간까지도 파악합니다. 시간관리가 습관이죠. 그리고 자신의 몰입 패턴도 분명히 압니다. 그것을 바탕으로 자신의 능력과 역량의 수준을 늘 확인하고 개선하기 위해 고민하죠. 그래서 프로성과러들은 자신의 몰입도, 생산성이 가장 좋은 시간인 골든타임을 잘 압니다.

프로성과러가 되려면 바로 이 몰입이 가장 잘되는 골든타임을 찾아야 합니다. 그리고 그 패턴에 맞춰 일일 목표에 집중하는 나만의 집중업무 시간제를 실행해보세요. 출근해서 퇴근할 때까지 오늘의 목표를 방해하는 요소들이 정말 많습니다. 전화, 회의, 메신저 대화, 커피 마시기 등 업무 중간에 치고 들어오는 일들이 생각보다 많지요. 그렇게 잠시 흐트러지면 다시 업무에 집중하기가 쉽지가 않습니다.

그러다 보면 어느새 퇴근이 코앞이죠. 종일 엄청 바빴는데 왜 오늘 계획한 일들을 다 처리하지 못한 것일까요? 한숨이 나오고 마음이 무겁습니다. 일을 끝내지 못한 채 퇴근하려니 기분이 찜찜합니다. 이런 하루하루가 쳇바퀴처럼 반복되면 안 되겠죠?

이러한 일상에서 벗어나려면 어떻게 해야 할까요? 오늘 해야 할 일 중 가장 중요한 일에 우선적으로 최대한 집중할 수 있는 분위기를 조성해 최고의 효율을 끌어내야 합니다. 나만의 골든타임에 가장 중요하고 긴급한 일, 즉 중요 과제를 처리하는 게 핵심입니다.

많은 사람이 타인에 의해 끌려다니는 삶을 삽니다. 내 인생인데 내 시간을 사는 것 같지가 않습니다. 그러나 여러분 시간의 주체는 분명 여러분 자신입니다. 무언가를 할 때, '이 일이 나 자신을 위한 일인가? 내가 선택한 일인가?'를 항상 먼저 생각해야 합니다. 그래야 나중에 남 탓하고 세상 탓하는 어리석은 후회를 피할 수 있습니다.

후회 없는 삶을 살고 싶죠? 스스로 선택한 일을 하고, 그에 대한 책임도 스스로 질 줄 아는 삶이 당당한 삶입니다. 그래야 후회도 덜합니다. 적극적으로 자신이 선택한 일을 하는 사람은 자존감은 물론이고 일에 대한 만족도도 높다는 사실을 꼭 기억하시기 바랍니다.

지금 내가 할 수 있는 최선의 선택은 무엇인가?

일이 잘될 때는 걱정이 없습니다. 문제는 일이 뜻대로 진행되지 않을 때죠. 그럴 때 어떻게 해야 할까요? 여러분은 어떻게 하나요?

조직생활을 하다 보면 어쩔 수 없이 다양한 상황에 노출됩니다. 오롯이 내 일만 하는 경우는 거의 없죠. 리더와 동료의 반응, 업무분장, 역할과 책임, 이로 인해 발생하는 구성원 간·부서 간의 갈등, 내가 관련되어 있지만 내 의사와 상관없이 결정되는 일들, 운과 기회, 급여와 인센티브, 인사발령과 평가, 고객의 평가, 시장 트렌드 변화 등등. 끝도 없습니다. 이러한 자극들이 '업무환경'이라는 이름으로 우리 주변을 가득 채웁니다. 때로는 이런 것들이 업무 자체보다 더 버겁고 괴롭게 다가옵니다.

누구나 이런 상황에서 일을 합니다. 일을 잘하는 사람이라고 어려운 환경이 없을까요? 아니죠. 오히려 일이 많으면 시련도 많습니다. 일이 몰릴수록 난관도 더 많으니까요. 그럼에도 불구하고 프로성과러는 여유롭게 일을 처리하며 성과도 내고 인정받는 것 같습니다. 도대체 비결이 뭘까요?

비결은 바로 관점의 차이입니다. 그들은 생각부터가 다릅니다. 그들은 '조직에서 어떻게 행동할지는 내가 선택할 수 있다'고 생각합니다. 사장도 아닌 일개 구성원이 조직에서 모든 걸 선택할 수 있다고? 그럴 리가 없다고 생각하나요? 조직 내의 규칙, 자원, 일정, 변동사항 등 거의 모든 것이 여러분의 의지나 선택과는 상관없이 결정되고 흘러가지 않나요? 그런 조직에서 뭘 내 맘대로 선택한다는 거죠?

분명한 것은, 프로성과러는 자신에게 주어진 환경이 좋다 싫다 또는 옳다 그르다 하고 가치를 기준으로 판단하지 않습니다. 대신 '이러한 환경(상황)에서 내가 어떻게 행동할 것인가'만 고민하고 선택합니다. 그러고 나서 그 생각대로 행동합니다.

예를 들어볼까요? 공들여 준비한 프로젝트 기획안을 갑자기 팀장이 반대합니다. 이때 여러분이 할 수 있는 행동은 무엇일까요? 팀장이 반대하니 '어쩔 수 없지 뭐' 하며 포기하나요? 속으로 팀장을 원망하고 욕하면서 기획안을 거둬들일 건가요?

만약 여러분의 기획안이 옳은 방향이라고 확신한다면 '지금 이 상황'을 바꿀 방법을 찾아보기 바랍니다. 주변의 동료나 선배, 전문가에게 보여주고 그들의 지적을 참고해 기획안을 보완해봅니다. 그리고 팀장에게 다시 한번 봐달라고 요청해봅니다. 싸우기도 싫고, 설득할 자신도 없고, 귀찮기까지(!) 하다고요? 게다가 팀장이 반대의견을 절대 꺾을 것 같지 않다면, 팀장의 의견을 수용하는 것도 여러분을 위한 선택입니다. 해답은 상황마다 달라질 수 있으므로 그 상황을 파악해, 지금 내가 할 수 있는 최선의 선택을 하면 됩니다.

프로성과러는 이럴 때 어떻게 대응할까요? 그들은 자신을 위해 일(선택)하고 그 결과로 조직에 기여합니다. 팀장의 반대라는 지금 이 상황을 바꿀 수 없다면 스스로를 바꾸면 된다고 생각합니다. 이럴 때, 프로성과러는 떠밀려 포기한 것이 아니라 스스로의 선택에 의해 행동한 것이라고 해석합니다. 같은 상황을 달리 해석하는 것이죠.

그리고 프로성과러들은 범위를 정하고 일합니다. 그래서 그들은 원하는 것이 있을 때는 거절이나 실패 상황에서도 '딱 3번만 더 해본다'는 식으로 범위를 정하고 도전합니다. 무턱대고 혹은 무모하게 도전하는 것이 아니라 자신의 에너지 상태와 원하는 강도를 따져 스스로 횟수를 정합니다. 앞의 상황이라면 '팀장님을 딱 3번만 더 설득해봐야지!' 할 것이고, 이미 한 번 거절당한 고객에게 다시 제안한다면 '2번만 더 도전해보자!' 하고 스스로 정합니다.

이렇게 범위를 정해두면 한 번 실패하거나 거절당해도 그 충격이 약간 줄어듭니다. 다음 행동을 선택해 3번 더 시도할 수 있으니까요. 결국 실패해도 큰 좌절은 아닙니다. 원하는 만큼 열심히 했으니 후회나 미련도 남지 않습니다. 이것이 바로 프로성과러들의 비밀입니다.

한 줄 질문

여러분도 주도적으로 선택하며 일하고 있습니까?

프로성과러는 자신에게 주어진 환경이
좋다 싫다 또는 옳다 그르다 하고
가치 판단하지 않습니다.
대신 '이러한 상황에서
내가 어떻게 행동할 것인가'만
고민하고 선택합니다.
그러고 나서 그 생각대로 행동합니다.

5

프로어필러의 3대 어필 원칙

누구나 일을 잘하는 것은 물론이고 평가도 잘 받고 싶어 합니다. 그렇다면 프로어필러가 되어야 합니다. 내가 수행하는 일의 성과를 평가할 팀장이나 실장, 즉 상위리더에게 나의 성과를 어필할 항목을 잘 정리해서 보여주어야 합니다. 이때 중요한 '3대 어필 원칙'을 적용해본다면 프로어필러가 되는 것도 어렵지 않습니다.

정량적 수치는 밋밋한 팩트에 임팩트를 더한다

예를 들어 신규상품 판매가 여러분의 어필 항목이라면 '상품 출시 후 100건 판매, 총 2억 원 매출 발생'처럼 구체적인 수치로 정리하는 것이 좋습니다. 다만, 이렇게만 적으면 평가할 때 정확하게 판단하기 어렵습니다. 그러므로 목표 대비 달성 기준으로 정리하는 것이 더 좋습니다. '총 100건 판매, 총 2억 원 매출(목표 대비 150% 달성)'처럼 말이죠.

그러나 이 정도로는 임팩트를 주기에 약간 모자랍니다. 팩트를 정량적으로 정리만 해서는 평가자의 마음을 움직이기 어렵거든요. 이럴 때 팩트에 임팩트를 더하는 작업이 필요합니다. '지난달 대비 200% 향상, 업계 1위'라는 예시를 앞에 표현들과 비교해봅시다. 성과의 크기에 비교 대상까지 친절하게 덧붙이니, 여러분이 달성한 성과의 무게가 다르게 느껴집니다.

정성적 결과도 정량적으로 객관화할 수 있다

정량이 '수치'를 중시하는 것임에 반해, 정성은 '상황 묘사'라는 중요한 차이가 있습니다. 그래서 정성적인 결과는 정량적인 결과에 비해서 표현하기가 쉽지 않습니다. 그렇다면 정성적인 결과는 어떻게 표현해야 할까요? 정성적인 결과도 정량적으로 표현하면 임팩트를 더할 수 있습니다.

먼저 정성적인 결과를 서술형으로 장황하게 적거나 모호하게 표현하면 오히려 마이너스가 될 수도 있다는 점을 기억해야 합니다.

예를 들어 여러분이 고객만족 부서에서 일한다고 칩시다. 이번 분기 성과를 '고객불만 최소화 달성'이라고 적었습니다. 과연 평가자인 부서장은 이렇게 적은 성과를 보고 '일을 참 잘하는군'

하고 느낄까요?

오히려 그 반대입니다. 여러분이 적은 정성적 결과를 보면 '고객불만을 어떻게 최소화했다는 거지?'라는 궁금증만 증폭됩니다. 정성적인 것을 정량화하기 어렵다고만 생각하지 말고, 어떻게든 정량화할 방법을 찾아보는 것을 추천합니다. '고객불만 최소화 달성'이라는 막연한 표현 대신 '고객불만 접수 건수 10건으로 전주 대비 3건 감소'로 바꿔보면 어떨까요? 고객불만 접수 건수를 수치로 표현하면 고객불만을 줄인 여러분의 정성적 성과도 객관화됩니다.

자기평가에 겸손함은 금물이다

일을 잘하고도 자기평가에서 지나친 '겸양의 미덕'을 보이는 사람들이 있습니다. 그럴 필요가 전혀 없습니다. 여러분이 자신에 대해 낮게 평가하면, 평가자도 그 결과에 영향을 받습니다. 상대평가를 하는 조직에서는 동료들이 여러분의 경쟁자입니다. 스스로가 낮게 평가하는데 누가 여러분을 좋게 평가하겠습니까?

전쟁에서 승리하려면 선제공격하라는 말이 있습니다. 자기평가는 일종의 선제공격입니다. 뻔뻔하다고 느껴질 정도로 여러분의 성과를 자신 있게 어필해보세요. 다시 한번 강조하지만 자기평가는 회사가 원하는 역량과 내가 중요하게 생각하는 성과기준을 재료 삼아 나를 어필할 수 있는 가장 중요하고 결정적인 기회입니다. 겸손해서 좋을 것이 전혀 없고, 괜히 위축될 이유도 없습니다. 당당하게 여러분의 성과를 어필하세요.

6

성과는 투입한 시간에 비례하지 않는다

오늘 여러분의 근무시간은 몇 시간인가요? 출근해서 퇴근 전까지 오롯이 업무에 투자한 시간은 얼마나 되죠? 자신의 근무시간과 업무시간을 자신 있게 말할 수 있는 사람은 그리 많지 않습니다. 회사의 공식적인 출퇴근 시간은 잘 알고 있지만, 내가 몰입해서 일한 시간은 잘 모르거나 실제 일한 시간보다 과대평가해 말하기도 합니다.

딱 1주일만 여러분이 업무시간 동안 한 일들을 시간 단위로 꼼꼼하고 촘촘하게 기록해보세요. 그리고 살펴봅니다. 보통 직장인은 하루 평균 8~9시간 동안 근무하지만, 어느 조사결과에 따르면 실제 몰입해서 일하는 시간은 5시간 미만인 경우가 대부분이라고 합니다. 화장실도 가야 하고, 동료와 업무협의도 해야 하고, 때로 커피 타임, 수다 타임도 빠질 수 없으니 근무시간의 상당 부분을 일과 관련 없는 데 쓰는 것입니다.

그럼에도 불구하고 어떤 사람들은 이 5시간 내외 동안 보통 사람의 2~3배가 넘는 업무성과를 냅니다. 놀랍지 않나요? 종일 바쁘게 지낸 것 같은데 퇴근 무렵 '내가 오늘 뭘 했지?' 하고 자문해보면 정작 제대로 한 일이 없으니 말이죠. 이런 경우는 대체로 목표와 집중력에 문제가 없는지 살펴야 합니다.

오전에 마음먹고 집중해서 뭔가를 끝내려고 했는데 누군가가 와서 말을 겁니다. 또 거래처에서 전화로 뭔가를 요청하니 얼른 처리해야죠. 그러다 보면 오전에 하려고 했던 일은 손도 못 댄 채 점심시간이 됩니다. 우리의 뇌는 어떤 활동을 하다가 다른 활동으로 옮겨갈 때 주의를 전환해야 하는데, 거기에 상당한 시간과 에너지가 듭니다. 그래서 이렇게 시간이 '순삭'되는 거죠.

허무하게 사라져버린 귀한 업무시간을 어떻게 붙들어야 할까요? 실제 업무에 집중할 수 있는 5시간의 효율을 최대한 끌어올리는 방법이 없을까요? 시간을 잘 관리하고 진짜 업무에 몰입하겠다는 각오가 생겼다면 지금부터는 다음과 같은 방법을 활용해보기 바랍니다.

먼저 오전 업무를 시작하기 전, 오전 중에 꼭 해야 할 업무를 세분화합니다. 그리고 시작시간과 예상소요시간을 적어둡니다.

그리고 옆에 빈 괄호 (   ) 혹은 빈칸을 놔둡니다. 아래와 같이 표로 작성해도 됩니다. 여기까지 따라 하면, 이런 메모 혹은 표가 완성됩니다.

시간	업무목록	예상소요시간	실제 소요시간	이유
9:00	메일 확인	30분		
9:30	팀 미팅 30분	30분		
10:00	보고서 작성	120분		

빈칸 혹은 괄호 안에는 실제 업무를 진행한 후, 예상했던 시간과 실제로 그 일을 하는 데 걸린 시간을 적습니다. 만약 차이가 났다면, 그 이유 혹은 원인도 옆에 적어봅니다.

이렇게 해야 할 일과 예상소요시간, 그리고 실제로 걸린 시간을 적어보고 리뷰하는 습관을 들이면 집중력이 높아질 뿐만 아니라 예상소요시간의 정확도도 점점 높아집니다. 당연히 업무의 효율과 성과가 올라가게 됩니다. 실제로 작성한 사례는 다음과 같습니다.

시간	업무목록	예상소요시간	실제 소요시간	이유
9:00	메일 확인	30분	20분	
9:30	팀 미팅 30분	30분	30분	
10:00	보고서 작성	120분	180분	중간에 고객 전화 응대로 집중력 떨어짐

이런 식으로 여러분이 시간을 어떻게 쓰고 있는지 점검해보면 낭비되는 시간이 꽤 많다는 것을 알게 됩니다. 그러면 이메일 확인하는 시간을 최소로 줄이고, 미팅은 딱 예정된 시간 내에서 마치려고 노력할 수 있죠. 그렇게 절약한 시간을 보고서 작성에 추가로 할애하면 보고서의 완성도도 높아지겠죠? 여러분만의 시간관리 노하우를 가질 수 있습니다.

매사에 예상소요시간을 관리하며 일해야 하는 이유

여러분은 업무를 받을 때 그 업무를 얼마 만에 끝낼 수 있을지 예측됩니까? 프로성과러는 시간이 얼마나 걸릴지 곧바로 예상합니다. 팀장이 물어보지 않아도 스스로 데드라인을 정해 보고합니다. 반면 일못러는 아무 생각이 없습니다. 팀장이 언제까지 가능할지를 물어봐야 겨우 돌아오는 대답은 "글쎄요, 해봐야 알겠는데요?" 정도죠. 여러분이 팀장이라면 누구와 일을 하고 싶겠습니까?

일을 받으면 무작정 시작하지 말고 먼저 어떻게 진행해야 할지, 전반적인 조감도부터 그려봅니다. 그러면 평소 해왔던 업무 내용이나 난이도에 비추어 이번 일을 완수하는 데 시간이 얼마나 걸릴지 예측할 수 있습니다. 그렇게 해서 지시받은 일을 언제까지 끝낼 수 있는지, 정확한 마감일정을 정하고 나서 시작해야 합니다.

대부분 마감기한은 어느 정도 생각을 합니다. 그런데 시간관리에서 우리가 중요하게 생각해야 할 부분은 바로 '예상소요시간'입니다. 예상소요시간은 일을 완료하는 데 걸리는 시간이라기보다는 결과물을 이루어내는 데 예상되는 소요시간을 말합니다. 비슷한 말처럼 들리죠? 하지만 이 둘을 구분하는 것은 매우 중요합니다.

'일을 완료하는 데 걸리는 소요시간'은 결과물이 명확하지 않기 때문에 과거의 경험이나 대략의 예측으로 정할 수밖에 없습니다. 당연히 정확성이 떨어지죠. 반면 '기대하는 결과물을 이루어내는 데 예상되는 소요시간'은 결과물의 구체적인 내용 중심으로 산정하기 때문에 단계별, 항목별로 좀 더 정확하게 예측할 수 있습니다.

업무의 전체 일정이 정해졌다면 프로세스별 성과물이 나와야 하는 시점도 정할 수 있습니다. 더 세부적으로는 단계별로 일을 진행하는 데 필요한 시간을 하루 단위로 쪼개어 계산할 수 있습니다. 하루 동안 무엇을 해야 하며 얼마만큼의 시간을 투입해야 하는지도 파악할 수 있죠.

다만, 이렇게 산정된 시간은 일하는 중간에 아무런 돌발상황이나 변수가 발생하지 않을 경우를 가정한 것입니다. 하지만 실제로 일을 하다 보면 언제 어디서 무슨 일이 생길지는 아무도 모릅니다. 그러므로 정해진 날짜에 딱 맞추려 하지 말고 1시간 먼저, 반나절 먼저, 하루 먼저 끝내겠다는 생각으로 일하는 습관을 들이는 것이 좋습니다.

이렇게 하루나 반나절 일찍 일을 끝내면 어떤 장점이 있을까요? 우선 일을 요청한 사람이 원하는 사항들이 제대로 반영되었는지 한 번 더 점검할 수 있습니다. 마감 전까지 여유를 가지고 다시 살펴보면서 불필요한 내용이나, 놓쳤던 중요 사항들을 체크합니다. 이를 수정하면 더욱 완성도가 높아지겠죠.

마지막으로 팀장이나 실장을 배려한다면, 그가 마지막으로 검토할 시간을 추가로 배정하는 것이 좋습니다. 팀장과 합의한 마감일보다 하루 정도 더 일찍 끝내는 것이죠. 물론 팀장이 손을 대지 않아도 될 만큼 완벽하게 만들어서 마감기한 전에 제출하는 것이 가장 이상적이긴 합니다. 그러나 팀장의 완벽과 팀원의 완벽 사이에는 차이가 존재할 때도 있습니다. 이러한 과정까지 살필 여유와 배려를 갖추었다면, 여러분은 이미 프로성과러로 거듭난 것입니다.

한 줄 질문

여러분은 주어진 시간을 최대한 효율적으로 사용하기 위한 여러분만의 노하우가 있습니까?

7

팀장의 '차 한잔할까?'에 담긴 진정한 의미

어느 날, 팀장이 '차 한잔할까?'라고 말을 걸어옵니다. 진짜 차만 한잔 마실 생각으로 마주 앉습니다. 그런데 갑자기 팀장이 일과 관련된 질문을 하네요? '헉. 이럴 수가! 아무 준비도 못했는데….'

비공식적인 자리에서 업무 관련 이야기를 하거나 자연스럽게 보고 아닌 보고를 받기를 원하는 팀장, 실장도 있습니다. 티타임 요청, 일을 부여받는 과정, 조직장의 말과 행동 등에서 그의 숨은 의도를 파악하고 대응하기란 정말 쉽지 않습니다.

하지만 프로성과러들은 압니다. 상대방의 니즈와 원츠를 빨리 파악할수록 내 업무가 줄고, 속도도 빨라진다는 사실을요. 그래서 상대방의 속내도 읽을 줄 알아야 합니다. 이런 이야기를 하면 "눈치 보고 아부하라는 말씀인가요?"라고 발끈하는 사람이 있을지도 모르겠습니다. 그러나 앞에서도 얘기했듯이 조직에 속한 구성원으로서 함께 일하는 동료와 상위리더의 숨겨진 욕구를 파악해서 내 업무의 기준으로 삼는 것은 생각보다 중요합니다. 팀장이나 실장의 생각을 읽어야 제대로 된 업무 가치를 창출할 수 있기 때문입니다.

주어진 업무를 추진할 때 '시킨 대로만 하면 되겠지'라고 생각하고, 더도 말고 덜도 말고 딱 주어진 업무만 처리하는 사람들이 있습니다. 이런 사람들은 '내가 이 일을 왜 해야 하는지, 어떤 책임을 져야 하는지'에 대해서는 고민할 필요가 없다고 속 편하게 생각합니다. 그래서 지금 하는 일들이 팀의 목표나 다른 일에 어떤 영향을 미칠지, 누구와 어떻게 성과를 나누어야 하는지에 대한 파악 없이 지시대로만 행합니다.

결론적으로 우리에게 주어진 업무 중 '아무 생각 없이' 해도 되는 일은 거의 없습니다. 어떤 일에 대해서도 '소기의 성과'를 요구하는 것이 조직의 생리입니다. 자료조사, 문서작성, 업무미팅 등 주어진 일, 시킨 일만 겨우 하는 사람과 함께 일하고 싶어 하는 사람도 없습니다. 그래서 우리는 주어진 업무라도 진정한 성과를 내기 위해 그 일과 관련된 전체 맥락을 보려고 노력해야 합니다.

특히, 팀장이 급작스럽게 여러분에게 업무를 부탁했다면, 그 일을 가장 잘할 수 있는 사람으로 여러분을 선택했다는 사실에 자부심을 느끼십시오. 이 업무가 팀장에게 인정받을 수 있는 절호의 찬스라는 사실도 기억하고요. 만약 그 업무가 처음 해보는 일이라면 이럴 때일수록 일을 시작하기에 앞서 팀장의 원츠를 먼저 파악하고, 이 일을 어떻게 해나갈지, 어떤 결과물이 나와야 하는지에 대해 업무 요청자인 팀장 입장에서 일을 바라보고 고민해야 합니다.

팀장의 관심을 기다리지만 말고 먼저 다가가라

간혹 부서장이 자신의 일을 인정해주지 않는다고 속상해하거나 불만을 가지는 구성원들이 있습니다. 조직은 공동의 목표를 달성하기 위해 함께 일하는 사람들이 역할과 책임을 기준으로 체계화된 구조를 이룬 집단입니다. 최근엔 다양한 조직구조가 나타나고 있지만 대체로 부서장 1명에 다수의 팀원이 존재하는 형태입니다. 팀의 리더는 조직의 목적과 미션을 포함해 모든 면에서 팀원보다 많은 경험과 노하우를 가졌습니다. 그래서 보다 많은 권한이 있으며 조직의 목표달성을 위해 팀원들을 코칭하고 매니지먼트하는 업무를 맡은 겁니다.

이 과정은 어미 새가 아기 새에게 먹이를 주는 과정에 비유해볼 수 있습니다. 어미 새는 아기 새가 스스로의 힘으로 생존할 수 있을 때까지 먹이를 물어다 입에 넣어주죠. 그런데 어미는 한 마리이고 아기 새는 여러 마리잖아요? 그러다 보니 아기 새들 중에서도 유난스럽게 울부짖으며 입을 크게 벌리는 아기 새에게 어미 새는 먹이를 더 많이 주게 됩니다.

조직도 비슷합니다. 팀장에게 여러분이 하고 있는 일을 얼마나 자주 공유하고 피드백을 받느냐에 따라 여러분의 업무성과와 역량의 성장속도가 달라진다는 뜻입니다. 물론 팀장이 전지전능한 신은 아니지만, 지나가는 말 한마디로도 여러분이 미처 몰랐던 점을 지적해줄 수 있습니다. 중요한 단서를 알아듣느냐 못 알아듣느냐는 여러분의 몫이지만요.

또 여러분 팀의 리더는 여러분이 앞으로 저렇게 될 것임을 보여주는 본보기나 롤모델이기도 하지요. 가능하면 많은 노하우와 가르침을 전수받기 위해 적극적인 자세와 솔직한 태도를 보여주는 것이 중요합니다. 배고픈 아기 새처럼 팀장에게 여러분의 일을 적극적으로 공유하고 의견을 구해보세요. 팀장이 여러분에게 관심이 없거나 여러분의 일을 인정하지 않는다고 불평할 시간에 하나라도 더 업무를 공유하고 코칭받는 것이 성장의 지름길입니다. 성장의 비결은 팀장의 태도가 아니라 여러분의 태도라는 사실을 꼭 기억하기 바랍니다.

한 줄 질문

조직장에게 인정받고 싶은가요?
그렇다면 인정받기 위해서 지금 여러분이 할 수 있는 일은 무엇일까요?

8

신뢰를 쌓는 소소하지만 결정적인 비결들

냉혹한 현대사회에 믿을 만한 일이 별로 없습니다. 믿을 만한 사람도 별로 없습니다. 그래서 '신뢰'만큼 따뜻한 단어도 없습니다. 데이비스 메이어(Davis Mayer) 교수는 〈조직 내 신뢰에 관한 통합 모델(An integrative model of organizational trust)〉(1995)이라는 논문에서 조직 내 신뢰성을 구성하는 요소로 역량(competency)과 성품(character)을 꼽았고, 성품을 다시 호의성(benevolence)과 정직성(integrity)으로 나눴습니다. 쉽게 말해 역량, 호의성, 정직성이 모여 조직 내 신뢰를 만든다는 것이죠.

그러나 어떤 사람들은 신뢰가 기대와 위험을 동반하는 개념이라고 설명하기도 합니다. 누군가를 신뢰한다는 것은 그 사람이 이렇게 할 것이라는 기대가 있기 때문이고, 또 많은 위험을 감수하면서 그에게 믿고 맡긴다는 뜻이기 때문입니다.

여러분은 경쟁이 치열한 조직에서 누군가의 신뢰를 얻기 위해 노력해본 적 있습니까? 신뢰를 얻기 위해 가장 선행되어야 할 일이 무엇이라고 생각합니까? 범위를 좁혀, 팀장이나 실장의 신뢰를 얻으려면 어떻게 해야 할까요?

신뢰(信賴)는 타인의 미래 행동이 자신에게 호의적이거나 또는 최소한 악의적이지는 않을 가능성에 대한 기대와 믿음을 뜻합니다. 신뢰를 얻으려면 이 단어의 정의처럼 예측 가능한 사람이 되어야 합니다. '예측 가능한 사람'은 하루아침에 되는 게 아닙니다. 평소, 한결같은 모습을 보여주고, 차근차근 성과를 쌓아야 형성되는 것입니다.

정해진 시간에 출근하기, 지시한 업무를 주어진 시간 내에 기대한 수준으로 완료하기, 업무를 지시한 사람이 궁금해하지 않도록 적절한 시점에 진행상황 공유하기, 업무에 변경이 있다면 사전에 보고하기 등등.

평소 신뢰를 얻을 만한 행동을 하고 이것이 쌓여서 단단해질 때, 여러분의 팀장은 '이 친구는 예측 가능한 친구야'라고 생각하며 여러분을 믿고 지지할 겁니다. 물론 이 모든 과정에서 정직과 윤리가 기본임을 잊지 말아야 합니다. 아무리 호의가 있고 유능하다고 해도 언행에 거짓이 있거나 부정직하고 비윤리적인 사람, 법률과 규정을 위반하는 사람이라면 누구에게도 신뢰받을 수 없으니까요. 오랫동안 쌓은 신뢰도 심각한 거짓말 한 번으로 충분히 무너질 수 있습니다. 그래서 정직은 신뢰의 전제이자 기본입니다.

중간결과물 소통이 왜 중요한가?

업무를 원활하게 진행해 만족할 만한 성과를 내려면 업무와 관련된 사람들을 잘 관리해야 하겠죠? 여러분은 여러분 업무에 영향을 미치는 관련자가 누구인지 잘 알고 있습니까? 그들의 요구사항이 무엇인지 명확하게 아나요? 그렇다면 그것을 어떻게 만족시킬지에 대한 관리대책도 있습니까? 우선, 업무와 관련된 사람들을 관심도와 영향력으로 구분해보겠습니다.

1. 관심도가 높고 영향력이 큰 사람들
   이런 사람들은 특히 밀착관리가 필요합니다. 중간결과물을 보고하며 상황을 공유하고, 그들의 요구사항과 나의 업무 진행방향이 맞는지 확인하고 점검해야만 일이 엉뚱한 곳으로 가지 않습니다.
2. 관심도는 낮으나 영향력이 큰 사람들
   이 사람들 역시 요구사항이 내 업무에 잘 반영되도록 세심하게 챙겨야 합니다. 그렇지 않을 경우 추후에 이들이 생각지도 못한 돌발장애물이 될 수 있습니다.

3. 관심도는 높지만 영향력이 작은 사람들
   이메일이나 정기회의를 통해 이들이 궁금하지 않도록 정기적으로 보고하는 것이 좋습니다.
4. 관심도가 낮고 영향력도 작은 사람들
   이런 사람들은 최소한의 정보를 공유하면 됩니다.

이렇게 업무 관련자들을 관심도와 영향력으로 분류했다면, 그들의 요구사항도 정리해보겠습니다. 여러분은 그들의 요구사항을 명확하게 알고 있습니까? 혹시 잘 알고 있다고 여러분 혼자 착각하는 것은 아닌가요?

엄마와 아이의 관계를 다루는 한 TV 프로그램에서 진행자가 엄마와 아이를 따로따로 인터뷰했습니다. 아이가 좋아하는 것, 싫어하는 것 등 아이와 관련된 질문을 했죠. 엄마는 아이에 대해 너무 잘 알고 있다고 자신만만해하며 질문에 척척 대답했습니다. 그런데 결과는 놀라웠습니다. 엄마의 대답과 아이의 대답이 너무나 달랐기 때문입니다. 엄마와 아이가 똑같이 대답한 항목이 채 50%도 되지 않았습니다.

왜 이런 결과가 나오는 걸까요? 그건 '내 아이는 내가 제일 잘 안다'고 엄마가 착각했기 때문입니다. 엄마는 당연히 자신이 아이를 제일 잘 아니까, 아이에게 필요한 것을 혼자서 대부분 결정했을 것입니다.

우리도 일할 때 이와 비슷한 실수를 합니다. 조직장이나 업무 관련자들이 원하는 것을 '내가 제일 잘 안다'고 착각하죠. 그래서 이런 실수를 막기 위해 가능하다면 업무 관련자들에게 직간접적으로 확인하라고 조언하는 겁니다. 여러분의 생각과 그들의 생각은 다를 수 있습니다.

확인과정을 거치면 업무 관련자 각자의 핵심 요구사항을 분명하게 파악할 수 있습니다. 요구사항을 정확히 알고, 각자의 업무 관심도와 영향력을 알면 그에 따라 업무공유의 수위를 조절하며 일할 수 있습니다.

한 줄 질문

여러분은 어떤 방식으로 조직에 신뢰를 주고 있나요?

9

벼락치기로 하면 반드시 티가 난다

——— 주어진 일을 하긴 해야겠는데, 이런저런 일로 차일피일 미뤘습니다. 정신을 차리고 보니 어느덧 마감일이 코앞입니다. 발등에 불이 떨어지고 나서야 부리나케 처리해본 경험이 다들 한 번쯤 있을 겁니다. 그때 결과가 어땠나요? 여러분이 한 일의 완결성은 문제가 없었나요? 어떤 사람들은 이렇게 말합니다.

"저는 일을 미리미리 해두는 것보다 마감에 임박해서 벼락치기로 할 때 집중이 잘됩니다. 집중이 잘되니까 시간도 줄일 수 있어서 벼락치기를 즐겨 하는 편이에요."

실제로 충분한 시간을 갖고 일하는 것보다 마감시간을 타이트하게 잡고 할 때 집중도가 높아지긴 합니다. 그러나 이 경우는 진정한 프로성과러가 되어 업무 퀄리티와 마감시간을 정확하게 예측할 수 있을 때나 가능한 일입니다. 일부의 경우에만 가능하다는 뜻이죠. 대부분은 시간에 쫓기면 어떻게든 기한을 맞추는 데만 중점을 둡니다. 퀄리티를 더 높이기 위한 노력을 할 여유가 없죠.

벼락치기로 마친 일을 팀장이나 실장에게 보고할 때 여러분은 어떤 기분이 드나요? 급하게 쓴 보고서에 혹여 실수라도 있지 않을까 심장이 벌렁거리지는 않았나요? 한 번 더 검토할 시간이 없어 같은 내용을 2번 쓰거나, 중요한 오류를 바로잡지 못한 경우도 있습니다. 물론 그런 실수가 예리하고 매서운 팀장의 눈에 안 보일 리가 없고요. 그럴 때마다 입술을 깨물며 다짐합니다. '미루지 말고 진작 좀 해놓을걸.'

단순히 실수를 지적받고 안 받고의 문제가 아닙니다. 중요한 오류를 바로잡지 못할 경우, 그것이 최종적으로 일을 그르치는 요인이 되기도 합니다. 다행히 별 문제 없이 잘 넘어갔다 하더라도 뒷단에서 큰 문제의 씨앗이 될 수 있습니다. 그리고 이런 나쁜 습관이 반복되면 언젠가는 분명 엄청나게 큰 실수를 저지를 수밖에 없습니다.

여러분이 보고하는 모습만 봐도 노련한 팀장은 단번에 알아차립니다. 보고서에 얼마나 공을 들였는지, 핵심을 제대로 잡아냈는지를 말이죠. 그러므로 평소에 여러분이 미리미리 일하는 성향이 아니라면 지금부터라도 좀 다르게 접근해야 합니다. 물론 마감시간에 임박해서 일을 처리하는 게 더 효율적이라고 느낄 수 있습니다. 그렇다면 마감시간을 2단계로 나누어보는 습관을 가지면 어떨까요?

스스로 마음속으로 정한 1차 마감과 실제 팀장이나 실장에게 보고하는 2차 마감으로, 마감일을 2단계로 정하는 것입니다. 그러면 업무 집중도도 높아지고 결과물의 품질도 훨씬 좋아질 수 있습니다.

일의 순서를 거꾸로 계산하라

'A to Z'로 일하는 사람과 'Z to A'로 일하는 사람이 있습니다. 성과를 확실하게 내는 사람은 어느 쪽일까요? 당연히 후자입니다. 프로성과러는 Z에서부터 일을 시작합니다. Z부터 시작한다는 말은 결과물을 염두에 두고 일을 한다는 뜻입니다. 말 그대로 결과부터 거꾸로 거슬러 올라오면서 계획을 잡습니다.

프로성과러는 일을 기획할 때 가장 먼저 일이 완성되었을 때의 모습을 명확하게 설정하고 업무 완성의 시점을 마감기한보다 조금 앞당겨 잡습니다. 그런 다음 일이 되어가는 전체적인 흐름을 스케치하고, 완성하고자 하는 성과의 모습에 맞게 프로세스를 역으로 계산합니다.

이러한 과정을 경험한 적이 없는 구성원, 즉 업무 프로세스나 완성하고자 하는 성과물의 모습을 명확하게 알지 못하는 구성원은 일단 일을 받으면 머리보다 몸이 먼저 움직입니다. 무턱대고 자료조사부터 시작합니다.

자료조사를 해본 사람은 알겠지만, 자료라는 것은 찾아도 찾아도 끝이 없습니다. 오히려 찾으면 찾을수록 늪에 빠지죠. 한번 빠지면 시간 가는 줄 모르고 시시콜콜하고 잡다한 것까지 다 쓸어 담습니다. 자료가 산더미같이 쌓이죠. 그런데 문제는, 원하는 성과물의 모습이 머릿속에 없으니 엄청나게 많은 자료 중에 무엇이 정말 중요하고 필요한지를 구분하고 발굴하기가 어렵다는 것입니다. 어찌어찌 자료를 추리고 버리다 보면 이미 주어진 시간은 거의 다 흘러갔습니다. 그러면 어떻게 하죠? 시간이 없으니 급한 마음에 허둥지둥 초안을 잡아봅니다.

이것이 성과를 생각하지 않고 'A to Z'로 일하는 모습입니다. 흔히 볼 수 있는 안타까운 현실이죠. 결국 업무의 품질을 유지하며 기한을 지키는 핵심은, 최종목적지를 명확하게 그려내는 역량입니다. 우리가 자동차를 운전할 때, 내비게이션으로 목적지를 먼저 찾는 것과 비슷합니다.

회사의 모든 시간은 비용으로 환산됩니다. 변호사나 컨설턴트와 일해본 적 있다면 알 겁니다. 그들은 맡은 업무에 투입된 시간을 따져 비용을 청구합니다. 업무가 지지부진하게 늘어지면 다른 일에 사용할 수 있었던 시간, 즉 '기회비용'을 추가로 써버린 것입니다. 때문에 시간을 단축하거나 예정된 기한에 일을 끝내는 것은 비용을 절약하는 중요 포인트입니다. 그러므로 정해진 시간 내에 성과를 창출하려면 개인의 사소한 실수 하나도 일어나지 않도록 각별하게 신경 써야 합니다.

한 줄 질문

여러분은 마감시간에 임박해서 일을 처리하는 편인가요? 그렇다면 벼락치기에서 발생할 수 있는 실수나 오류를 줄이기 위해 어떻게 해야 할까요?

10

내가 만든 보고서는 내가 완벽히 장악해야 한다

여러분은 여러분이 작성한 보고서 내용을 어느 정도까지 완벽하게 파악하고 있습니까? 보고서를 안 보고 발표할 수 있을 정도로 다 꿰고 있습니까?

인터넷의 발달로 우리는 언제 어디서나 원하는 정보를 쉽고 빠르게 찾을 수 있습니다. 예전보다 훨씬 간편하게 정보를 수집할 수 있죠. 보고서를 쓸 때도 다른 사람이 정리한 정보를 요긴하게 활용하는 경우가 많습니다.

그런데 문제는 바로 거기에 있습니다. 정보가 너무 흔하고 구하기 쉽다 보니, 필요한 것을 찾아서 그대로 옮기는 것까지는 잘하는데, 나만의 지혜로 각색하는 노력을 소홀히 합니다. 그러다 보니 그 내용을 충분히 소화하지 못한 채 보고서를 제출하는 경우가 늘어납니다.

어디선가 자료를 찾아 인용하긴 했는데, 정작 "이게 무슨 말이죠?" 하고 리더가 되물으면 설명을 못하고 당황합니다. 결국, 보고서에 들인 노력과 완성도까지 의심받게 됩니다.

여러분이 만든 보고서는 여러분이 완벽하게 장악하고 있어야 합니다. 여러분도 이해할 수 없는데 누가 이해할 수 있을까요? 완벽하게 설명할 수 없는 보고서는 그 누구도 설득시킬 수 없습니다. '내용이 좀 어렵지만 팀장님은 이해할 수 있을 거야' 하는 안일한 생각도 버려야 합니다. 누가, 어디서, 어떤 질문을 하더라도 답변할 수 있어야 비로소 그 보고서는 '여러분의 것'입니다.

내가 온전히 이해한 것, 알고 있는 일의 결과만 보고해야 합니다. 여러분이 맡은 일에 스스로 주인답게 오너십을 가지세요. 보고서의 쉼표 하나까지 설명할 수 있는 논리를 갖추어야 합니다. 실제로 쉼표는 글을 쓰는 사람이 강조하고 싶은 부분을 더 잘 보이게 해주고 의도를 살리는 역할을 합니다. 그러므로 쉼표를 어디에 찍느냐에 따라 똑같은 문장도 뉘앙스가 달라집니다. 매끄럽게 잘 읽히기도 하고 왠지 모르게 덜그럭거리기도 합니다. 작은 쉼표 하나도 이렇게 큰 차이를 만드는데, 보고서의 단어와 맞춤법은 두말하면 잔소리겠죠? 보고서는 보고용 서류가 아닙니다. 여러분의 역량을 드러내는 성적표입니다.

프로성과러는 습관적으로 메모하고 질문한다

아주 좋은 아이디어가 번쩍 떠올랐는데 잠시 딴짓하는 사이, 누군가의 이야기를 듣는 사이, 그 아이디어가 날아가버려 전혀 떠오르지 않았던 경험이 다들 있을 겁니다. 우리가 얻은 유용한 정보나 갑자기 떠오른 아이디어는 이렇듯 순식간에 사라질 때가 많습니다. 이 안타까운 상황을 방지하려면 메모하는 습관을 들이는 것이 매우 중요합니다.

순식간에 휘발되는 아이디어와 정보를 메모해 업무에 적용할 수 있는 역량은, 나의 업무성과를 좌우하는 힘입니다. 그래서 기획력이 좋은 사람은 메모하는 습관이 몸에 배어 있습니다.

메모를 잘하려면 메모하기 쉬운 환경을 구축하는 게 중요합니다. 요즘은 기술의 발달로 다양한 디지털 메모 앱이 있습니다. 이를 잘 활용하면 언제 어디서나 손쉽게 메모할 수 있습니다. 하지만 개인적으로 저는 손으로 노트에 생각을 적어보라고 권합니다. 앞에서도 강조했지만 머릿속에 있는 생각이 주관적인 생각이라면 글로 쓴 것은 객관적인 생각입니다. 자신에게 편안한 메모 도구를 항상 들고 다니기만 하면 됩니다. 그리고 좋은 아이디어가 떠오를 때마다 바로바로 적고 나름의 체계를 잡아 정리해 축적합니다. 이렇게 차곡차곡 쌓인 메모는 몇 년이 지나면 여러분에게 아주 큰 자산이 될 것입니다.

메모는 어떻게 시작하면 좋을까요? 가장 필요한 순간은 업무를 부여받을 때가 아닐까요? 그렇다면 팀장과 업무에 관해 대화할 때 어떻게 해야 할까요? 그 전에 확인할 것이 있습니다. 여러분은 팀장이나 실장에게 업무를 받을 때 궁금한 점을 그 자리에서 질문하는 편입니까? 아니면, 궁금한 점이 있더라도 일단 질문하지 않고 업무를 받는 편입니까? 앞에서도 언급했지만 다시 한번 강조하겠습니다. 어느 쪽이든 다음의 2가지를 꼭 유의하기 바랍니다.

첫째, 모르는 것은 모른다고 솔직히 말하고 코칭을 받아야 합니다. 물론, 무작정 처음부터 끝까지 알려달라고 해서는 안 됩니다. 여러분의 생각을 먼저 들고 가서 코칭받으세요. 혼자서 끙끙대봐야 시간만 걸리고 원하는 결과가 나오지 않을 확률이 훨씬 더 높습니다. 그럴 때는 맞는지 틀렸는지 확신이 들지 않더라도 여러분의 생각을 있는 그대로 정리해서 팀장 혹은 실장에게 이야기하고 코칭을 받으세요. '모르는 것을 물어보세요'가 아니라 '모르는 것을 코칭받으세요'입니다. 질문도 좋지만 여러분의 생각이 기준에 적합한지 검증받는 것이 필요합니다.

둘째, 상대의 답변을 나의 언어로 바꾸어 표현하고 되물으세요. 이것 역시 앞에서도 한 번 설명했습니다. 코칭에 대한 상대방의 검증기준을 여러분이 제대로 이해했는지 그리고 여러분의 생각과 얼마나 부합하는지를 여러분의 말과 언어로 바꾸어 표현해

보고 확인해야 합니다. 여러분이 잘못 이해했다면 상대방이 추가 설명으로 바로 잡아주고 업무가 더 명확해집니다.

하나 더 덧붙이자면, 상대의 감정까지 받아들이려는 노력도 필요합니다. 일을 지시하는 상대방이 이 일을 얼마나 중요하게 여기고 있는지, 그냥 단순 보고용인지를 상대방의 말과 표정을 통해 파악해야 합니다.

한 줄 질문

여러분은 여러분이 작성한 보고서 내용을 완벽하게 파악하고 있습니까?

11

그냥 결과 말고
목표와 비교한 결과로 말하라

실행은 전략과 계획에 따라 기간별 역할과 책임을 캐스케이딩하고 과정성과를 지속적으로 창출하는 것을 의미합니다. 앞서 얘기했듯이, 일하는 과정을 플랜, 두, 시 앤드 피드백의 3단계로 나누면 실행은 두에 해당합니다. 이를 더 구체화하여 4단계로 세분화해 보면, 플랜, 두, 체크(check), 액션(action)으로 구분할 수 있습니다. 이 실행 프로세스를 알파벳 앞글자를 따서 PDCA라고 부릅니다.

계획을 세울 때 목표, 전략, 방법, 일정을 구분하여 잘 세우고, 실행한 뒤에는 계획한 대로 결과가 나왔는지 중간평가를 합니다. 재조정하거나 개선할 것이 있다면 다시 계획을 수정하여 실행하고 목표달성에 긍정적인 영향을 미치는 활동들은 계속하는 일련의 활동을 반복하는 것이 바로 PDCA의 기본 원리입니다.

일에 있어 중요한 '실행력'은 원하는 결과물을 이루어내는 행동 역량을 말합니다. 즉, 전략적 성과창출 역량입니다. 흔히 사람들은 성과도 중요하지만, 과정도 중요하다고 말합니다. 하지만 조직에서 업무를 수행하는 데는 성과를 내기 위한 실행이 중요하지 맹목적으로 열심히 노력하는 과정은 오히려 경계해야 합니다. 그래서 열심히 노력했는데도 원하는 성과를 창출하지 못했다면 '실행력'에 어떤 문제가 있었는지를 점검해야 합니다.

실행력은 기획력과 계획력을 포함합니다. "저 친구는 실행력이 뛰어나"라고 말하는 것은 그가 자신의 역할과 책임을 제대로 알고 있다는 것입니다. 수요자가 기대하는 결과물이 무엇인지 구체적으로 알고, 고정변수와 변동변수, 예상리스크요인을 파악하며, 그에 대한 대응방안과 플랜B도 구체적으로 가지고 있다는 뜻입니다. 여기서 플랜B란 통제 불가능한 내외부 환경요인 때문에 기획하고 계획했던 전략과 실행방법을 예상대로 실행할 수 없을 때를 대비한 대안이나 해결책을 말합니다.

실행력을 캐스케이딩이라고도 표현하는데, 앞에서 설명했듯이 캐스케이딩은 폭포가 아래로 떨어지는 것처럼 매끄럽게 상위목표가 하위목표로 연결되며 목표 간에 상호연계성을 갖도록 하는 것입니다. 상위조직과 하위조직의 목표가, 후행목표와 선행목표가, 중장기목표와 연간목표, 반기, 분기, 월간, 주간, 일일목표가 서로 유기적으로 연계되도록 하는 것입니다.

이런 실행력의 핵심은 일의 목적과 목표, 전략과제, 액션플랜의 인과적인 전개, 실행하는 사람에게 주어진 역할과 책임에 대한 실질적인 권한위임입니다. 결국, 실행력을 높이려면 전략적으로 사고하고 자기주도적으로 실행해야 한다는 뜻입니다.

객관적 리뷰와 성찰을 습관으로 만들어라

여러분은 어느 쪽인가요? 일할 때 그저 그 과제를 완료했다는 데 의의를 두나요? 아니면, 처음에 기대했던 목표와 비교해 달성수준을 가늠하며 일합니까?

여러 번 강조하지만, 프로성과러는 일을 시작하기 전에 이 일을 왜 해야 하는지, 어떻게 해야 하는지에 대한 분명한 목표와 기대하는 성과기준을 정합니다. 그래서 일하는 중에는 물론이고 일이 끝났을 때도 자신이 기대한 목표 대비 성과를 정확하게 측정할 수 있습니다.

반면 일못러는 일에 대한 목표와 기대하는 달성 수준이 명확하지 않습니다. 리더가 시킨, 주어진 일을 끝내기만 하면 그만이라고 생각합니다. 그래서 일이 끝나고 나서도 자신이 뭘 잘했고 뭘 잘 못했는지 제대로 알지 못합니다. 굳이 알고 싶어 하지도 않습니다. 역지사지로 생각해볼까요? 여러분이 팀장이나 실장이라면 어떤 사람과 함께 일하고 싶은가요? 누구나 전자를 선택하지 않겠습니까?

여러 번 강조했듯이 일을 시작하기 전에 수요자가 기대하는 결과물을 생생하게 그리는 훈련을 해보세요. 단계마다 일의 범위를 정하고, 내가 목표하고 있는 결과를 잘 이뤄내고 있는지를 반드시 중간중간 평가해봅니다. 만일 내가 기대하는 대로 일이 진행되지 않는다면 얼른 원인을 찾아 대책을 마련해야겠죠. 혼자 해결하기 어려울 때는 주변의 믿을 만한 동료나 조직장에게 상황을 알리고 도움을 청한다면 조언을 구할 수 있습니다.

이런 과정을 거쳐 업무가 완료된 후에는 목표 대비 성과에 대해 객관적인 리뷰와 성찰을 반드시 해봐야 합니다. 이러한 과정을 반복해서 습관으로 만드세요. 한 번 두 번 경험이 쌓이고 축적되면 어느새 여러분은 자타가 인정하는 프로성과러가 되어 있을 것입니다.

한 줄 질문

여러분은 분명한 목표와 기대하는 성과기준을 정하고 일을 하는 편인가요? 아니면, 그저 리더가 시키는 대로 주어진 일을 끝내기만 하면 된다고 생각하는 편인가요?

실행력의 핵심은
일의 목적과 목표, 전략과제,
액션플랜의 인과적인 전개,
실행하는 사람에게 주어진 역할과
책임에 대한 실질적인 권한위임입니다.
결국, 실행력을 높이려면
전략적으로 사고하고
자기주도적으로 실행해야 한다는
뜻입니다.

12

열심히 일해도 인정받지 못하는 사람의 5가지 특징

일을 열심히 하는데도 제대로 인정받지 못하는 사람들에게는 공통된 특징이 있습니다. 가장 대표적인 5가지 특징을 살펴보겠습니다. 2부의 내용이 거의 다 포함되는 이야기입니다. 여러분 스스로를 돌아보기 바랍니다.

1. 해야 할 일의 배경, 상황, 맥락을 모른다

팀장이나 실장이 여러분에게 이 일을 시킨 배경이나 상황을 정확하게 알면 일의 방향을 잡기가 쉽습니다. '팀장님은 어떤 목적으로 이 업무를 나에게 주었을까? 단순 정보조사 차원인가? 아니면 조사를 바탕으로 한 예측을 통해 의사결정을 하려는 것인가?'를 먼저 생각해봅니다. 팀장의 요구와 목적은 일의 속도와 양, 질을 결정하는 중요한 단서입니다.

정말 단순 정보조사 차원에서 시킨 일인데 판단을 잘못해 분석과 예측치까지 냈다면? 게다가 덕분에 30분이면 끝날 일을 2~3일이나 걸려서 했다면? 열과 성을 다해서 한 일이 한순간에 뻘짓, 삽질로 전락합니다.

아는 만큼 보입니다. 이 말은, 아는 건 알지만 모르는 건 아예 모른다는 뜻이기도 합니다. 즉, 자신이 하는 일에 대해서만 열중하다 보면 시야가 좁아지는 역효과가 생길 수 있다는 겁니다. 업무에만 집중하다 보면 때로 큰 그림이나 트렌드를 읽지 못하고, 그 일과 관련된 주변 사람들을 연결하지 못할 수 있습니다. 주변 상황이 어떻게 돌아가는지도 모르고 함께 일하는 동료나 조직장에 대해서도 별 관심이 없다면, 나에게 주어진 업무가 어떤 맥락인지 이해하지 못할 가능성이 높습니다.

그래서 결과적으로 자신은 열심히 했다고 생각하지만 업무를 지시한 고객을 만족시키지 못하고 최선의 결과와도 멀어집니다. 숲은 생각하지 않고 나무만 본 결과죠. 상위조직 리더가 숲을 무시하고 나무만 보는 구성원을 높게 평가할 리 만무합니다. 나무를 보는 것은 누구라도 할 수 있기 때문입니다. 앞에서도 이야기했지만 실무자는 숲속에 있는 나무와 같습니다. 그렇다고 "그러면 저는 나무만 보겠습니다."라고 해서는 안 됩니다. 일을 시작하기 전에 숲의 관점을 제공해주는 사람의 코칭을 받으세요. 나무 입장에서 내린 결정이 숲 전체의 관점에서도 옳은가 살펴봐야겠죠.

2. 목적을 간과해 결과물에 핵심이 없다

팀장이 과제를 주며 "시장조사한 후에 보고하세요." 하고 업무지시를 했습니다. 기본적으로 다양한 자료를 폭넓게 수집하는 것이 필요하겠지요. 하지만 자료가 아무리 많아도 그것이 여러분을 돋보이게 해주지는 않습니다. 자료 자체가 보고의 품질을 결정하는 것은 아니니까요.

때문에 시장조사를 위해 무작정 자료를 찾기에 앞서 생각해야 할 것이 있습니다. '팀장은 어떤 목적으로 이 과제를 나에게 줬을까? 내가 가지고 있는 정보 중에 그 목적에 가장 부합하는 것은 무엇일까?'를 스스로 먼저 고민하는 일입니다. '목적'에 부합하는 자료들 중에서 필요한 정보만 가지치기합니다. 그러고 나서 '핵심'을 잡아냅니다. 여러분이 보고할 것은 바로 그 '핵심'입니다.

거기서 한 걸음 더! 그 핵심 정보들을 배열해 의미 있는 정보로 만들 줄 알아야 비로소 일 잘하는 사람으로 인정받을 수 있습니다. 이때 이 정보들을 왜 선택했는지에 대한 논리나 근거도 명확하게 제시할 수 있다면 더욱 좋습니다.

3. 일의 기준과 흐름, 나만의 논리가 없다

잘 만들어진 업무 보고서에는 작성자의 논리에 따른 자연스런 흐름이 드러납니다. 나름의 논리로 정보를 선택하고 구성했기 때문에, 그 보고서는 비유하자면 시원스럽게 쭉 뻗은 고속도로 같습니다. 그러나 일을 못하는 사람은 논리와 흐름이 없습니다. 그저 정보를 나열하거나 포장하는 데만 신경을 쓰죠. 이런 보고서는 꼬불꼬불한 산길을 가듯 읽기가 힘듭니다. 몇 장 못 넘기고 지칩니다. 어떤 기준이나 순서도 없이, 그저 정보들을 양껏 늘어놓은 보고서는 '죽은 보고서'입니다. 겉모습이 아무리 현란해도 프로인 팀장의 눈에는 금방 티가 납니다.

잘 쓴 보고서는 어떤 것일까요? 여러분이 선별한 정보 중에서도 가장 집중해야 할 것이 무엇인지가 한눈에 보이는 보고서입니다. 쓴 사람이 아니라 읽는 사람 중심입니다. 그래서 어떤 면에 중점을 두고 그 정보를 살펴보아야 할지에 대한 포인트가 확실하고, 이 정보들 사이의 관계가 명확합니다.

무엇보다 제대로 된 업무 보고서는 재구성한 정보들을 종합하고 해석한 작성자 자신만의 관점이 포함됩니다. 앞에서 예로든 시장조사 보고서에 시장상황에 대한 통찰이나 전망을 비롯해 구체적인 아이디어와 제안까지 들어간다면 금상첨화겠지요.

이처럼 어떤 업무를 맡았다면, 먼저 그 업무의 목적을 파악하고 거기에 자신만의 논리를 넣어야 합니다. 업무를 맡긴 사람이 원하는 정보를 담은 보고서에도 흐름과 핵심을 간결하게 짚은 후 실무자인 여러분이 전달하고자 하는 메시지까지 명확하게 제시하세요. 그것이 바로 '나만의 논리'입니다.

4. 전략적 사고와 실행력이 부족하다

'실행력'이란 원하는 결과물을 이루어내는 행동 역량입니다. 그래서 실행력은 전략적 성과창출 역량이라고도 합니다. 어떤 이는 성과만큼 과정도 중요하다고 주장합니다. 그러나 성과를 내기 위한 인과적 과정이 중요하지, '무조건 열심히' 혹은 '나름대로 열심히' 노력하는 맹목적인 과정은 오히려 경계해야 할 대상입니다.

열심히 노력했는데 원하는 성과를 창출하지 못했다면 실행력이 약하다는 뜻입니다. 실행력에는 기획력과 계획력이 포함됩니다. 그리고 실행력이 뛰어나다는 것은 역할과 책임을 제대로 실행하고 있다는 뜻입니다. 다시 말해, 수요자가 기대하는 결과물이 무엇인지 구체적으로 알고, 고정변수와 변동변수를 공략할 전략이 있으며, 예상리스크요인을 파악하고 그에 대한 대응방안과 플랜B도 구체적으로 가지고 있다는 뜻입니다.

중요한 건 변동변수 공략과 플랜B입니다. 고정변수란 과거의 경험과 업무 매뉴얼, 실행지침대로 노력하면 웬만큼 성과가 예상되는 세부목표입니다. 반대로 변동변수는 경험과 지식으로는 한계가 있습니다. 급변하는 현장상황을 객관적으로 분석하고, 수요자의 니즈와 원츠를 제대로 해석해야 하며, 그것을 바탕으로 창의적이고 혁신적인 실행방법까지 가져야만 달성할 수 있는 세부목표입니다. 그리고 플랜B는, 예상할 수 없는 내외부 환경 때문에 기획했던 고정변수와 변동변수 공략방법이 예상대로 먹혀들지 않을 때를 대비한 대응방안과 대안입니다.

실행력을 높이려면 어떻게 해야 할까요? 전략적으로 사고하고 인과적·자기주도적으로 실행하는 연습을 해야 합니다. 물론 이것도 꾸준한 노력이 뒷받침되어야 합니다만, 그보다 더 필요한 것이 있습니다. 바로 명확한 권한위임입니다. 어떤 일을 실행하기 위해서 우리는 일의 목적과 목표를 알아야 하고, 고정변수와 변동변수를 구분해야 합니다. 그리고 그에 따른 액션플랜을 인과적으로 전개하려면 실무자에게 역할과 책임에 대한 실질적인 권한이 있어야 합니다. 그것이 실행력의 핵심이자 원동력입니다.

5. 일정관리를 못하고 중간공유를 안 한다

조직에서 우리는 혼자 일하지 않습니다. 여러 사람이 함께하죠. 그러므로 서로 합의한 역할과 책임에 따라 각자 해야 할 일이 있고, 일정에 맞춰 그것을 수행해야 합니다. 그때 각자의 업무가 어떻게 진행되고 있는지, 그 상황을 말이나 글로 잘 정리해서 관련자들에게 전달하는 '업무공유'가 필수입니다.

일을 정말 열심히 하는데 평가를 제대로 받지 못하는 사람이라면, 둘 중 하나를 의심해봐야 합니다. 첫째, 열심히는 하는데 일정관리가 안 되는 것은 아닌가? 둘째, 자신의 업무를 관련자들에게 글이나 말로 일목요연하게 표현하지 못하는 것이 아닌가? 둘 다 혹은 둘 중 하나가 안 되면 아무리 일을 열심히 해도 인정받기 어렵습니다.

일정관리를 잘하고 마감기한을 잘 지키면 조직 내에서 여러분에 대한 신뢰도와 평판이 올라갑니다. 그러나 마감을 못 지키면 아무리 열심히 일해도 평가가 나쁠 수밖에 없죠. 그렇다면 왜 열심히 하는데 마감기한을 못 지키는 걸까요? 여러 이유가 있겠지만, 자신이 무엇을 할 수 있고 할 수 없는지를 잘 몰라서 그런 경우가 많습니다. 그리고 일의 범위나 난이도를 구체적으로 생각하지 않는 것도 문제입니다. 하지만 무엇보다 가장 큰 문제는, 업무의 우선순위를 명확하게 정하지 못한다는 것입니다. 무엇이 더 중요한지 모르고 이것저것을 동시에 하니 집중력도 당연히 떨어집니다. 그렇게 닥치는 대로 일하다 보면 늘 시간이 모자라고 마감기한을 넘깁니다. 뭔가 열심히 하고 늘 부산하지만, 일한 것에 비해 아웃풋이 안 나오는 경우죠.

상황이 이렇다 보니 진행상황에 대한 중간공유도 깜박하거나 누락하기 십상입니다. 중간공유가 안 되면 어떤 일이 벌어질까요? 여러분이 한 일에 대해 어필할 기회가 없어질뿐더러 예기치 못한 상황이 발생했을 때 함께 일하는 동료들까지도 곤란해집니다. 어디에서 구멍이 났는지를 알 수 없으니 문제나 사고가 터져도 유연하게 대처하기 어려운 악순환에 빠지게 됩니다.

일을 정말 열심히 하는데
평가를 제대로 받지 못하는 사람이라면,
둘 중 하나를 의심해봐야 합니다.
첫째, 열심히는 하는데
일정관리가 안 되는 것은 아닌가?
둘째, 자신의 업무를 관련자들에게
글이나 말로 일목요연하게
표현하지 못하는 것이 아닌가?

Part 3

일하고 난 후

스스로 고백 프로세스를 작동시켜라

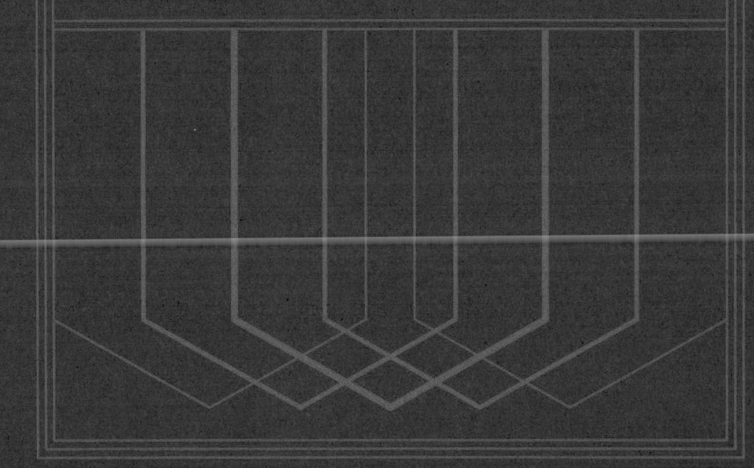

고백은 스스로,
자발적으로 말하는 것이고
자백은 다른 사람의 강요에 의해
말하는 것입니다.
일이 끝나고 나면 일을 수행한 사람이
직접 자신이 한 일의 결과물에 대해
처음에 설정한 기준과 비교해서
얼마나 차이가 나는지, 그 원인이 무엇인지,
개선사항, 만회대책을 고백하고
팀장이나 실장은 그 내용에 근거해서
피드백해야 합니다.

1

회사는 학교가 아니다, 일은 숙제가 아니다

A는 이렇게 말합니다. "나는 팀장님이 시키는 대로만 할 거야. 어차피 내 의견을 이야기해도 받아들여지지 않을 테니까." 한편 B는 이렇게 말합니다. "내 일은 내가 만드는 거야. 설령 팀장님이 시킨 일이라 하더라도 내 일이니까 내가 주도적으로 해야지." 여러분은 어느 쪽인가요?

조직마다, 사람마다 정도의 차이는 있겠지만 구성원 대부분이 업무 프로세스 전체에 대해 팀장이나 실장 같은 조직장이 의사결정하는 방식대로 일을 진행합니다. A처럼 말이죠. 스스로 일을 찾아서 하거나 목표달성 방법이나 전략을 고민하기보다는 그저 시키는 대로 합니다. 솔직히 당장은 그게 편하고 쉽습니다. 그런데 그렇게 일하다 보면 일이 숙제가 되고, 나중에 크게 후회할 나쁜 습성에 젖습니다.

숙제처럼 일하는 사람은, 자신이 할 일에 대해 팀장에게 일일이 의사결정을 내려달라고 합니다. 그러면 자신은 팀장의 지시대로 기계적으로 수행만 하죠. 그렇게 아바타처럼 일하면 좋은 성과는커녕 마음의 병이 먼저 찾아옵니다. 내가 하고 싶어서 하는 일이 아니라 남이 시켜서 하는 숙제니까요. 재미도 없고 보람도 없습니다.

똑같이 시켜서 하는 일이라도 B와 같은 태도를 가진 사람은 다릅니다. 주어진 일이 '내 일'이라고 생각하니까요. 누군가가 지시하거나 지적하지 않아도 스스로 더 많은 일을 합니다. 더 잘하려고 노력도 하죠. 처음에는 팀장 지시로 일을 맡았지만 실행 주체로서 일의 결과물에 대한 '주인의식'을 가지고 있기 때문에, B는 일일이 팀장의 의중을 떠보려 하지 않습니다. 무엇을 해야 할지 스스로가 더 잘 아니까요.

모든 조직에 효과가 있는 만병통치약 같은 성과창출 비법은 없습니다. 하지만 내외부 환경변화에는 공통적인 흐름이 있습니다. 외부환경은 이미 고객 중심으로 바뀌었고, 때문에 팀장이나 실장이 아니라 고객을 직접 만나고 실무를 처리하는 구성원들이 실행방법에 대해 의사결정을 주도해야 합니다(물론 코칭을 통해 반드시 기준을 검증해야겠죠). 또 내부의 업무환경은 점점 더 전문화, 세분화, 수평화되고 있습니다. 그래서 구성원이 하는 모든 일을 리더가 일일이 보고받고 의사결정하기는 어려운 상황입니다.

그래서 팀장이나 실장은 구성원들이 자신의 역할과 책임을 명확하게 인식하고 자기완결적으로, 주체적으로 일하기를 원합니다. 맡은 일을 마치 숙제하듯이 억지로 하는 구성원은 조직에 별 도움이 되지 않습니다. 한마디로 회사는 손이 많이 가거나 관리비용이 높은 구성원을 선호하지 않습니다.

어차피 내가 해야 할 일이고 결과도 내가 책임져야 합니다. B처럼 '내 일'이라고 접근하면 주인의식도 생기고 문제의식도 생깁니다. 이왕 하는 일을 즐겁게 할 수 있는 비결은 다름 아닌 '책임감'입니다. 당연한 이야기지만, 구성원만 책임감을 가지라는 뜻이 아닙니다. 그것이 가능하려면 먼저 팀장, 실장, 본부장들부터 업무관리자가 아닌 성과코치로 거듭나야 합니다. 구성원은 수동적인 업무수행자에서 능동적인 성과책임자로 변신해야 하고요. 세상이 빠르게 변하는 만큼 조직도 지속적으로 역할 혁신을 도모해야 합니다. 그래서 구성원들이 성과목표와 전략 중심으로 자율책임경영을 하도록 일하는 문화를 혁신해야 합니다.

나에게 주어진 일은 '내 일'입니다. 내가 꽉 틀어쥐고 주도적으로 해보겠다는 마음가짐, 내가 성과를 창출하고 목표를 달성한다는 마음가짐이, 최고의 팀워크로 팀 성과를 높이는 지름길입니다. 사람이라면 누구나 자신의 행동을 스스로 결정하고자 하는 기본적인 욕구가 있습니다. 내게 주어진 일은, 내 안에 잠들어 있는 도전과 성취의 욕구를 마음껏 펼쳐볼 기회입니다. 성장과 발전의 기회를 다른 데서 찾지 마세요.

'고객' 기준으로 제대로 일하라

학교는 학생에게 수업료를 받고 필요한 지식과 노하우를 가르칩니다. 학생은 배우는 과정에 있으므로 잘 모르거나 실수가 있어도 괜찮습니다. 교수님과 선생님이 인내심을 가지고 그가 알 때까지 가르치고 지도합니다. 왜냐하면 교수님과 선생님은 학교가 곧 회사이고 직장이기 때문입니다. 학교에서 학생은 고객이고, 선생님과 교수님은 주어진 역할과 책임을 다해야 하는 조직 구성원입니다.

그런데 학생이 학교를 졸업하고 회사의 구성원으로 신분이 바뀌면 상황이 많이 달라집니다. 조직의 구성원이 되면 연봉, 비전, 직무, 쾌적한 업무환경 등을 제공받는 대신 그에 합당한 능력을 개발하고 역량을 발휘해 회사가 원하는 성과물을 제공해야 합니다. 즉, 회사는 나의 성과물을 급여 등의 매개체를 통해 거래하는 시장인 셈이죠.

이때 거래, 즉 교환하는 것은 고객인 회사가 만족할 수 있는 가치입니다. 그래서 여러분이 보기에 아무리 근사하고 좋아도 고객이 가치를 느끼지 못하면 만족할 만한 거래가 성립되지 않습니다. 그러므로 구성원이 되었다면 프로답게 행동하고 처신해야 합니다.

누구나 자율적·주도적으로 일하고, 원하는 목표를 자기완결적으로 이루고자 합니다. 그렇게 자기주도적으로 성과를 창출하려면 어떻게 해야 할까요? 그날그날 닥친 일만 처리하며 계획 없이 살아서는 안 됩니다. 여러분 자신은 최선을 다해 사는 것처럼 느껴져도 말이죠.

프로답게 일하기 위해 먼저 할 일은 무엇일까요? 여러분이 조직에 기여하고자 하는 미션과 미래에 되고자 하는 모습인 비전을 설정해보세요. 그러고 나서 그 미션과 비전에 맞게 매년 과정목표를 구체적으로 세우고, 인과적 달성전략을 수립하고 실천하며 전략적으로 접근하십시오. 미션과 비전에 대한 더 자세한 이야기는 3부 마지막에 다시 하겠습니다.

여러 번 강조하지만, 여러분 기준으로 일을 열심히 하는 것은 중요하지 않습니다. 고객 기준으로 제대로 하는 것이 중요합니다. 그렇게 해내려면 일할 때 성과 중심으로 사고해야 합니다. 무슨 일을 하든 항상 고객이 원하는 결과물, 즉 성과목표를 먼저 정해야 합니다. 그리고 나서 그저 열심히 하기보다 전략적으로 일하고, 일을 마친 후에는 스스로 성과평가를 합니다. 잘한 것과 부족한 것을 돌아보고 고객에게 피드백해 이전보다 한 단계 발전하고 성장한 업무방식을 몸에 익혀야 합니다.

2

자신을 객관적으로 평가하는 역량이 중요하다

업무와 평가를 기준으로 조직의 구성원을 구분해본다면 크게 4가지 부류로 나눌 수 있습니다.

1. 일도 잘하고 평가도 잘 받는 사람
2. 일은 열심히 하는 데 인정을 못 받는 사람
3. 하는 일에 비해 과대평가를 받는 사람
4. 일도 못하고 평가도 못 받는 사람

이 중 가장 안타까운 경우는 어떤 경우일까요? 저는 두 번째 경우라고 생각합니다. 일을 열심히 했음에도 다른 사람들로부터 인정받지 못했으니까요. 자신이 한 일에 대해 타인의 야박한 평가를 확인하는 건 그리 유쾌한 일이 아닙니다. 심지어 그 이유조차 명확하게 알 수 없다면 자괴감에 빠질 수도 있습니다.

그러나 실망하긴 이릅니다. 4가지 경우 중 개선의 여지가 가장 큰 것 역시 두 번째의 경우니까요. 열심히 하려는 의지와 열정이 큰 만큼 일하는 방식을 개선하고 그것을 습관화한다면, 평가는 얼마든지 달라질 수 있습니다. 또 여러분의 업무가 조직에서 여러분을 드러낼 수 있는 공식적인 수단이라는 점, 동시에 업무는 스스로의 역량을 기를 수 있는 가장 좋은 교재라는 사실도 기억하면 좋겠습니다.

잘되면 내 탓, 안되면 남 탓?

여러분은 얼마나 객관적인 사람인가요? 여러분이 한 일을 제3자 입장에서 객관적으로 바라보고 평가할 수 있나요? 평가자든, 평가 대상자든 '평가'라는 용어는 대부분 불편해합니다. 별로 좋은 경험이 없어서 그럴까요? 남을 평가하든, 남에게 평가를 받든, 말도 많고 탈도 많은 상황이 늘 벌어지기 때문입니다.

해마다 어김없이 평가시즌이 돌아옵니다. 회사 내의 누구도 즐겁지 않은 시기죠. 조직에서 실시하는 정기적인 인사평가에 대해서도 많은 사람이 '귀찮고 형식적인 절차'라고 여깁니다. "평가 결과에 만족하는 구성원이 거의 없는데 왜 평가를 하는지 모르겠다."며 회의론, 무용론을 펼치기도 합니다.

평가자들 역시 "내가 원해서 평가자가 된 것도 아니다. 평가 대상자들을 평가하여 순위를 매기는 것도 괴롭지만, 성적이 좋지 않은 구성원에게 피드백하는 것은 더 큰 고충이다."라며 어려움을 토로합니다. 그럼에도 불구하고 대부분의 조직은 인사평가 기준을 만들어 일정 시점이 되면 리더평가, 동료평가, 자기평가 등 다양한 관점으로 평가를 실시합니다.

가장 고민스러운 순간은 아무래도 자기평가 시간일 것입니다. 구성원들은 '지나치게 잘난 척하지 않으면서 나의 성과와 역량을 다른 동료들보다 돋보이게 하려면 어떻게 해야 할까'를 고민합니다. 그러나 사람은 누구나 자신에게 유리한 방향으로 기억을 왜곡하고 조작하는 경향이 있습니다. 이를 자기평가에 적용해 평가점수를 후하게 주죠.

물론 자기평가에도 나름의 기준은 있습니다. 다만, 처음에 부여받은 목표를 얼마나 달성했는가를 기준으로 평가하는 것이 아니라 이 일을 추진하기 위해 자신이 얼마나 노력했는지를 기준으로 평가합니다. 그래서 자기평가만 보면, 모두가 조직에 없어서는 안 될 '핵심인재'입니다.

그런데 자기평가 결과를 동료나 상위리더의 평가결과와 비교해보면 사뭇 다릅니다. 조금 다른 게 아니라 엄청나게 차이가 나는 경우도 있습니다. 자기평가에 후한 점수를 주었던 사람은, 동료와 상위리더의 평가점수가 야박할 경우 평가결과에 크게 실망합니다. 일한 것에 비해 인정을 못 받았다며 회사에 불만을 표현하기도 하고, 때로 이직을 결심하기도 합니다. 동일한 업무결과를 두고 이뤄진 평가인데 왜 이런 일이 벌어질까요? 자기평가와 타인평가가 이렇게 큰 차이가 난다면 대체 어느 쪽에 문제가 있는 걸까요?

평가를 받는 구성원이 이기적 편향에 빠져 있어서 그렇습니다. '잘되면 내 탓, 안되면 남 탓'이라는 말도 있듯이, 사람들은 성공은 '내가 잘해서', 실패는 '외부 여건이 좋지 않아서'라고 주로 생각합니다. 결과가 긍정적이면 자신의 노력을 과대평가하지만, 부정적이면 자신의 잘못을 과소평가합니다. 그리고 평가를 받을 때는 자신의 업무가 가장 중요하다고 믿기 때문에 평가결과가 좋을 것이라는 편향된 믿음도 갖습니다.

여기에 평가자의 오류로 자기평가와 상위리더의 평가결과가 다른 경우도 있습니다. 평가자가 구성원들에게 어떻게 평가할 것이라는 객관적이고 구체적인 평가기준을 제시하지 않고, 자신의 주관적인 감정이나 직감에 따라 평가하기 때문에 평가 대상자는 결과에 납득을 못하는 경우도 생기죠.

객관적 기준과 지표를 최대한 많이 쌓아두자

이렇게 말도 많고 탈도 많은데 조직이 평가를 실시하는 목적은 뭘까요? 구성원들이 향후에도 지속적인 성과를 창출하길 바라고, 역량개발을 독려하기 위해서입니다. 평가를 크게 2가지로 나누면 성과평가와 역량평가입니다. 성과평가는 구성원이 부여받은 목표에 대해 성과를 얼마나 창출했는지, 상위조직의 성과달성에 얼마나 기여했는지를 알아보기 위함입니다.

그리고 역량평가는 구성원이 조직이 요구하는 인재상과 핵심가치에 얼마나 부합하는 행동을 했는지를 확인하는 한편, 성과창출 전략이나 실행계획을 수립하고 추진하는 과정에서 독려하거나 개선시킬 역량이 무엇인지 밝혀 구성원에게 정기적으로 피드백하기 위한 교정의 과정이기도 합니다. 그러므로 평가결과에 대해 불평불만을 쏟아내기보다는 저조한 평가를 받은 부분을 스스로 어떻게 개선해나갈지에 더 관심을 가져야 합니다. 개선계획도 세우고요.

어딘가에 소속되어 일하는 동안에는 조직 전체의 성과창출에 기여하고 역할과 책임을 다해 성과를 내는 것이 우리의 의무입니다. 그리고 그 과정에서 따라오는 일의 결과와 평가를 받아들이는 것 역시 우리의 몫입니다.

평가 후의 상실감과 실망감을 줄이려면, 이기적인 편향에 빠져 스스로를 관대하게 평가하는 것을 사전에 예방하는 것이 중요합니다. 자신의 업무품질 기준에 대해 미리 조직장과 정확하게 합의를 해두는 게 좋습니다. 자기평가의 객관적인 기준과 지표를 만들어두라는 뜻입니다.

평가자가 주관적인 잣대로 평가를 한다는 생각이 들 때는 어떻게 해야 할까요? 그럴 때는 여러분이 미리 파악해둔 객관적인 정보를 평가자와 공유하면서 평가자가 주관적인 잣대로 평가할 수 없도록 근거를 제시해야 합니다. 객관적인 정보를 잘 준비해둔 사람은 평가가 두렵지 않습니다.

한 줄 질문

여러분은 자기평가와 타인평가를 비교했을 때 차이가 많이 난 적이 있습니까? 만약 그렇다면 그 차이를 줄이기 위해 어떻게 해야 할까요?

3

팀장의 피드백을 성장의 기회로 삼는 법

여러분은 팀장의 피드백을 긍정적으로 생각하는 편인가요? 아니면, 간섭이나 잔소리로 여기며 귀찮아하는 편인가요?

팀장은 여러분에게 원하는 목표를 제시하고, 목표를 달성할 수 있는 원리를 코칭합니다. 필요한 자원을 지원할 뿐만 아니라 성과를 평가하고 피드백하는 역할도 담당하죠. 구성원은 팀장이 원하는 목표를 달성하기 위해 전략을 고민하고 실행계획을 세워 팀장에게 코칭받고 주도적으로 실행하는 것이 핵심 역할입니다.

팀장이나 실장 등 조직장은 여러분이 제대로 파악하지 못하는 사각지대를 나무가 아닌 숲의 관점에서 보는 사람입니다. 그렇기에 항상 배움의 자세로, '한 수 가르침을 받겠다'는 겸손한 마음으로 리더를 대해야 합니다.

팀장은 생각 없이 일을 시키지 않습니다. 지나고 보면 다 피가 되고 살이 되는 가르침을 전합니다. 그는 여러분이 하는 업무를 이미 수년 전에 경험한 과거의 동료이고, 앞으로 여러분이 거쳐야 할 업무의 몇 단계를 이미 습득한 업무 선배입니다.

예전과 달리 업무 매뉴얼이 새롭게 개선되고, 여러분도 그 매뉴얼을 손쉽게 다룰 것입니다. 하지만 그렇다고 해서 여러분이 팀장보다 뛰어나다는 착각은 금물입니다. 팀장은 세세한 매뉴얼 없이도 일을 해왔고, 새로운 것을 만들 줄 아는 경험과 노하우를 이미 갖추었기 때문입니다. 풍부한 경험을 기반으로 더 넓게 멀리 보는 시야, 일에 대한 깊은 통찰력, 직관력, 빠른 상황 판단력 등을 연마하고 마스터한 사람이 바로 팀장입니다. 여러분의 설익은 실무능력과 전문지식, 통찰력, 판단력에 날개를 달아줄 사람이 바로 팀장인 것입니다.

그러므로 업무에서 탁월한 성과를 내고 싶다면, 이 업무를 마스터한 팀장의 코칭과 피드백을 적절한 시점에 끌어낼 방법을 고민해야 합니다. 그러기 위해서는 기간별 성과목표와 달성전략을 늘 준비해두세요. 여러분의 능력과 역량이 지금 어떤 상태인지를 구체적으로 기록한 문서가 준비돼 있어야 합니다.

팀장이 부르기 전에, 궁금해하기 전에, 일이 완료되기 전에, 선제적으로 진행상황을 정리해 대화의 물꼬를 여는 것도 실무자인 여러분 몫입니다. 업무에 대한 고민이 있을 때도, 나름대로 고민한 흔적과 대안을 준비해서 찾아가야 합니다. 그래야 팀장과 이야기하는 동안 문제해결의 단서를 스스로 찾을 수 있습니다.

다시 말하지만, 절대 백지상태로 팀장을 만나지 마세요. 그랬다가는 유의미한 이야기를 들어도 그것이 내 일에 필요한 것인지, 아닌지를 판단할 수가 없습니다. 업무에 대해 여러분이 먼저 치열하게 고민한 후에 찾아가야만 팀장의 오랜 경험과 역량으로 달인 '보약 같은 한마디'를 얻을 수 있습니다.

업무에 관한 소통을 잘해야 코칭도 잘 받을 수 있고, 성과와 역량도 높일 수 있습니다. 물론 몰라서 못 할 리는 없죠. 소통을 잘하고 싶다면 방법을 찾아야 하지 않겠습니까? 성과창출 프로세스를 제대로 이해하고 실행하는 것을 기본으로, 팀장, 실장과 소통할 때 다음과 같은 팁을 활용해보세요.

1. 결론부터 말하는 습관을 가지세요. 상황 설명부터 시작해 과정을 장황하게 말하지 마세요. 여러분의 팀장은 매우 바쁩니다. 결론부터 말하고 나중에 상황을 설명해도 늦지 않습니다.
2. 과제와 함께 과제수행을 통해 기대하는 결과물, 목표를 항상 같이 말하세요. 성과는 목표 대비 달성 정도입니다. 그러므로 항상 주어진 업무목표를 잊지 마세요.

3. 문자보다는 숫자로 말하세요. 숫자로 이야기해야 객관적으로 상황을 판단할 수 있습니다.
4. 객관적인 사실과 주관적인 의견을 구분해 말하세요. 객관적인 사실과 주관적인 의견이 섞이면 제대로 된 의사결정을 내릴 수가 없습니다.
5. 형용사나 대명사가 아닌 고유명사로 말하세요. 고유명사로 말해야 상황이 명확해집니다.

실패 후의 태도가 그다음 성장을 결정한다

항상 좋은 성과만 낼 수는 없습니다. 생각한 대로 순조롭게 일이 진행되는 경우도 있지만 반대로 그렇지 않을 때도 무수히 많습니다. 실패의 원인 또한 너무나 다양합니다. 역량이 부족해서, 어쩔 수 없는 내외부 환경 때문에 뜻하지 않은 실패와 좌절을 겪기도 합니다. 프로성과러는 이럴 때 어떻게 실패를 극복할까요?

아이러니하게도 그들은 실패를 통해 한층 더 성장합니다. 일의 결과를 리뷰하면서 새로운 상황에 대처하는 스킬과 노하우를 익히거든요. 반대로 일못러는 실패가 오면 정체되거나 퇴보합니다. 슬럼프에 빠져 우왕좌왕하거나 극도로 불안해하기도 하죠. 자신과 환경을 원망하고 좌절하기도 합니다. 그 정도면 다행인데,

심각한 경우에는 아무것도 시도조차 하지 않으려 합니다. 막연히 '그 일이 잘되었더라면 좋았을 텐데…'라며 후회를 곱씹고 하루하루 근근이 버티기도 합니다.

반면 프로성과러는 멘탈을 단단히 부여잡고 현재 닥친 상황을 객관적으로 인정합니다. 그러고 나서 지금 내가 할 수 있는 일과 할 수 없는 일을 빠르게 구분합니다. 할 수 있는 일에는 역량을 집중하고, 할 수 없는 일에는 대안을 찾거나 상황종료 후 다시 실행할 준비를 합니다. 무엇보다 그들은 자신의 부족한 능력과 역량을 키울 기회가 왔다고 여기고 다시 한번 점프업(jump up)할 준비와 태도를 갖춥니다.

언제 끝날지 모르는 상황이 암담하더라도 하루하루 허투루 보내지 않고 상황을 객관적으로 파악하여 대비하는 것이 중요합니다. 3가지 정도의 시나리오를 상황별, 일정별로 수립합니다. 주체적으로 실행계획을 세우고 상황에 따라 롤링플랜을 적용해 준비합니다.

조직마다, 개인마다 처한 상황이 다르겠지만 막연하게 외부 환경에 휘둘리며 아까운 시간을 낭비하는 게 무슨 도움이 될까요? 그보다는 상황이 종료된 후에 해야 할 일들을 구체적으로 준비하는 게 낫지 않을까요? 선택과 결정은 누구도 아닌 여러분 몫입니다.

어려운 상황에서 긍정적인 요소를 찾는 사람이 있고, 괜찮은 상황에서 부정적인 요소만 바라보며 불평하는 사람도 있습니다. 여러분은 어느 쪽인가요? 결국 긍정적인 요소를 찾는 사람은 한 단계 성장하고, 부정적인 요소만 강조하는 사람은 정체하거나 퇴보합니다. 어려운 상황이 일어나지 않는 게 가장 좋겠지만 이미 발생했다면 상황을 객관적으로 분석해 부정적인 요소는 개선과제를 찾아내고 긍정적인 요소는 강화시켜 더 성장하고 발전하는 디딤돌로 삼으세요. 위기라는 단어에 위험과 기회가 동시에 담겨 있듯이, 실패는 추락과 성장을 동시에 가져다줍니다. 실패 속에 숨은 기회를 찾는 사람은 한 단계 점프할 것이고, 눈앞의 상황에만 매몰되는 사람은 좌절하고 말 것입니다.

한 줄 질문

여러분은 어려운 상황에 처하면 긍정적인 요소를 찾나요, 부정적인 요소에 집중하나요?

절대 백지상태로
팀장을 만나지 마세요.
그랬다가는 유의미한 이야기를 들어도
그것이 내 일에 필요한 것인지,
아닌지를 판단할 수가 없습니다.

4

'그깟 사소한 일 하나'가 전부다

일하다 보면 어떤 것은 하찮게 여기거나, 제대로 확인도 하지 않고 넘길 때가 있습니다. 그런데 문제는 항상 이렇게 대수롭지 않게 넘겼던 바로 그 부분에서 터지곤 합니다. 그러므로 일을 할 때는 하나하나 꼼꼼하게 따지고 확인하는 습관이 필요합니다. 특히 처음 해보는 일이라면 더더욱 꼼꼼하게 확인하고 체크해야 합니다. 설령 그 일을 잘 아는 동료나 선배가 "ㅇㅇ님, 그거 별거 아니니까 그냥 넘어가도 돼요."라며 큰일 날(?) 소리를 하더라도 실무자인 여러분이 판단하기에 의심스럽다면 반드시 확인하고 넘어가세요.

문제가 터지면 1차적인 책임은 오롯이 실무자인 여러분의 몫입니다. '그깟 사소한 일 하나'가 여러분의 발목을 잡을 수 있습니다. 결과적으로 일이 잘못된 경우에, 그 원인을 분석해보면 무려 90%가 담당자의 실수 때문이라고 합니다. 일을 어떻게 처리해야 하는지도 알고 경험도 풍부한데 그야말로 실수로 무언가를 빠트려서 생긴 결과라는 뜻입니다. 누락의 원인은 자신의 기억이나 체질화된 습관을 너무 믿어서인 경우가 대부분이고요.

그러니 실수하지 않기 위해서는 무엇이든 체크리스트를 만들어 점검해야 합니다. 아무리 사소한 일, 빨리 처리할 수 있는 일, 자주 해봐서 익숙한 일이라도 기대하는 결과물의 구체적인 내용, 마감기한, 예상소요시간, 주의사항 등을 자세히 적은 후 그것을 하나씩 지워가며 체크해야 합니다. 이미 다 안다고 생각하는 일도 글로 구체화해보면 새롭게 리마인드됩니다.

나만의 '실수 살생부'를 만들자

아무도 실수를 원하지 않습니다. 그렇다면 실수는 모두가 두려워하는 쓸모없는 일일까요? 실수와 실패는 다릅니다. 실수는 이미 알고 있는 것을 놓치는 것이고, 실패는 정해진 기간 내에 기대하는 결과물을 이루어내지 못하는 것입니다. 그런데 실수를 잘 활용하는 사람들이 있습니다. 대수롭지 않게 여기면 그저 실수지만 잘 활용하면 오히려 쓸모가 많은, 귀중한 배움이 됩니다.

실수는 학습 포인트로 매우 중요합니다. 사람은 누구나 성공도 하고 실수도 합니다. 죽는 날까지 성공만 하는 사람은 세상에 없죠. 중요한 것은 실수로 벌어진 결과 그 자체보다 그다음에 이어지는 행동이 무엇이냐에 달려 있습니다. 실수에서 배운 교훈을 제대로 짚어내고 다음번에 얼마나 잘 적용하느냐가 관건입니다. 흙 속에 진주가 숨어 있듯, 이번 실수를 잘 분석하면 다음에 실수하지 않을 방법이 보입니다. 실수했다면 왜 그랬는지 꼭 이유를 분석하세요. 무엇이 잘못되었는지 원인을 찾아야 합니다. 그리고 실수 목록과 그 이유를 적어 나만의 '실수 살생부'를 만들어보기를 권합니다.

원인을 파헤치면 해결책은 자연스럽게 나옵니다. 핀셋으로 콕 집어내듯이 일의 과정 중에서 내가 빠트린 부분은 무엇이고, 어느 부분을 잘못했는지 집요하게 원인을 찾아보세요. 그러다 보면 실행과정의 오류, 태도나 자세의 문제도 찾아낼 수 있습니다.

'내가 혹시 그 일을 두려워했던 것은 아닐까?', '도전에 대한 의욕이 없었던 것은 아닐까?', '장소나 시간 등 외부환경을 핑계 삼았던 건 아닐까?' 이런 질문들에 답하다 보면 그 속에 여러분이 놓치고 있던 것이 보일 것입니다. 그리고 다음번에 성공할 수 있는 힌트도 숨겨져 있죠. '나만의 실수 살생부'를 적고 하나하나 실수를 지워보세요. 그래야 실수에서 배울 시사점과 개선점이 나옵니다. 당연히 실수하는 횟수도 점차 줄어듭니다.

실수는 온전히 개인적인 이유로 발생한 것이어서 유형과 원인을 분석해보면 분명 재발 방지법을 찾을 수 있습니다. 한편, 실패는 원인이 좀 더 광범위합니다. 근본적으로는 실행자의 능력과 역량 부족이 가장 큰 원인이겠지만, 기획의 오류, 잘못된 고객니즈 분석, 상위조직 리더의 코칭역량 부족, 수평적 협업 미숙과 예상치 못한 외부환경 변화 등도 영향받았을 것입니다. 물론 외부변화에 대한 잘못된 대응 또한 내부역량이 원인이지만 말이죠.

한 줄 질문

과연 실수는 쓸모없는 일일까요? 실수를 발전적으로 활용하려면 어떻게 할까요?

5

준비된 자만이 기회를 잡는다

사람들은 흔히 자신이 실력에 비해 과소평가되어 있다고 생각합니다. 그래서 팀장이나 실장이 어떤 일을 자신에게 주지 않을 때, '저 일은 내가 더 잘할 수 있는데, 팀장님은 왜 박프로에게 그 일을 주었을까?' 하며 서운해하죠.

이럴 때는 팀장이 되어 생각해보세요. 팀장은 팀의 목표를 달성하기 위해 누구에게 역할을 부여할까요? 당연히 그 일을 하는 데 준비가 잘된 사람이 아닐까요? 여러분의 팀장이 박프로에게 그 업무를 맡겼다는 것은 그를 적임자라고 판단했기 때문입니다. 그러니 팀장을 탓하기 전에 나의 부족함을 먼저 돌아보고, 다음번에 기회가 오면 어떻게 잡을지를 서둘러 고민해야 합니다.

특히 조직에서 소위 '잘나간다'고 생각하는 사람일수록, 자신을 과대평가한 것이 아닌지 늘 경계해야 합니다. 함께 일하는 사람들에게 좋은 평가를 받는 것은 당연히 중요합니다. 하지만 자신을 실제 수준 이상으로 과대포장했다가 버거운 업무를 맡아 그 일을 망친다면, 조직생활에서 돌이킬 수 없는 파국을 맞을 수도 있으니까요.

스스로를 과대평가하는 것도 문제지만, 남들이 여러분을 과대평가한다고 생각한다면 그에 걸맞은 실력을 갖추기 위해 더욱 노력해야 합니다. 기회의 신 '카이로스'는 앞머리가 무성할 뿐, 뒷머리는 민머리라고 하죠. 기회는 준비된 자에게는 기꺼이 붙잡혀 주지만, 뒤따라 오는 사람에게는 매정합니다. 이미 떠난 기회는 붙잡을 수 없습니다.

평소에 지적받은 것은 반드시 고쳐라

일을 하다 보면 팀장으로부터 지적을 받을 때도 있습니다. 여러분은 이런 지적을 가볍게 흘려 넘깁니까? 아니면 기억하고 있다가 어떻게든 업무에 반영하려고 노력합니까?

프로성과러는 팀장의 사소한 말 한마디도 놓치지 않고 기억했다가 반드시 업무에 반영합니다. 반면에 일못러는 팀장이 뭐라고 하든 말든 자기 방식을 고집하며 좀처럼 바꾸지 않습니다. 여러분이 팀장이라면 누구와 일하고 싶은가요? 당연히 전자겠지요.

물론 팀장의 지적이 100% 정답이라는 보장은 없습니다. 간혹 맞지 않을 때도 있습니다. 하지만 일단 수용하고 고려하는 게 낫습니다. 이런 태도는 '이 친구가 내 말을 그냥 넘기지 않고 잘 기억하고 있구나'라는 메시지를 팀장에게 줍니다. 팀장의 지적과 생각이 다르다면, 여러분의 논리를 잘 정리해서 전달하고 확인하면 됩니다. 팀장은 스스로 더 열심히 고민한 여러분을 훌륭하다고 생각할 것이고, 이러한 과정에서 신뢰가 축적되면 여러분에게 권한을 위임할 것입니다.

부서장의 시시콜콜한 간섭을 좋아할 사람은 아무도 없습니다. 잔소리에서 벗어나서 자기주도적으로 일하고 싶다면 먼저 팀장의 말에 귀 기울이고 그의 의견을 적극적으로 반영해보세요. 구성원이 실제로 재량껏 일할 수 있다고 팀장이 확신할 때 권한 위임도 가능해집니다.

역할위임(empowerment)과 책임위임(delegation)이 이뤄지면 구성원이 주체적으로 책임감을 갖고 일을 추진하고 열정적으로 몰입해 실행합니다. 결과적으로 조직이 원하는 성과를 제대로 창출할 수 있죠. 이런 과정을 경험하면 팀장의 간섭은 줄어들고 여러분에게 위임된 권한의 범위는 늘어납니다.

위임이 잘 이루어지는 조직이야말로 누구나 원하는 이상적인 조직입니다. 이를 가능케 하는 것은 오로지 여러분에게 달려 있습니다. 그러므로 일을 시작하기 전에, 달성전략과 실행계획을 팀장이나 실장에게 코칭받고, 일이 끝난 후에는 성과를 평가하고 피드백하는 과정을 반복하세요.

다만, 권한위임을 한다는 것이 '실무자 마음대로 해도 된다'는 의미가 아니란 점도 기억해야 합니다. 많은 사람이 권한위임을 '알아서 하는 것'의 동의어라고 잘못 생각합니다. 권한위임을 받았다면 오히려 일이 끝날 때까지 리더를 기다리게 하지 말고 주간이나 월간 단위로 과정결과물에 대한 보고를 더욱 철저히 해야 합니다. 그에 대해 팀장에게 피드백을 받는 게 중요합니다. 물론 최종결과에 대해 성과를 평가받고 피드백을 받는 것도 필수적인 과정입니다.

적극적인 리뷰가 완벽한 마무리를 만든다

자, 이제 일이 마무리되어가는 단계입니다. 일을 마무리 짓고 끝낸다는 것은 아래 3가지 중 어떤 것을 의미할까요?

1. 내가 업무를 실행하여 결과물을 만들었을 때
2. 그 결과물을 요청한 사람에게 넘겼을 때
3. 그 결과물을 요청한 사람에게 잘했다는 평가를 받을 때

생각의 범위가 각자 다를 수는 있어도 '하던 일을 끝낸다'는 뜻에서 크게 벗어나지는 않을 것입니다. 그러나 프로성과러는 여기에 한 단계를 추가합니다. 그가 "일을 완벽하게 마무리지었다."고 말하는 것은, 자신이 끝낸 일에 대해 스스로 결과물에 대한 품질을 평가하고 피드백하는 과정까지 끝냈다는 뜻입니다.

피드백한다는 것은 자신에게나 상위조직 리더에게나 개선하고 만회해야 할 과제를 객관적으로 제시한다는 것을 의미하죠. 내 손에서 일이 떠난 것은 1차 마무리입니다. 우리가 알아야 할 진정한 마무리는 일이 끝난 후 평가와 피드백을 통해 개선점과 보완점을 도출하는 것까지입니다.

이렇게 최종 단계까지 제대로 마무리를 하면, 앞으로 무엇을 어떻게 개선할지, 부족한 점이 있었다면 어떤 만회대책을 세우고 실행할지가 드러납니다. 또 다음에 동일하거나 유사한 일을 다시 할 때, 더욱 수준 높은 결과물을 만들어낼 가능성도 높아집니다.

한 줄 질문

여러분이 더 잘할 수 있다고 생각한 업무를 리더가 다른 사람에게 맡겼다면, 여러분은 어떻게 해야 할까요?

물론 팀장의 지적이
100% 정답이라는 보장은 없습니다.
간혹 맞지 않을 때도 있습니다.
하지만 일단 수용하고
고려하는 게 낫습니다.
이런 태도는 팀장에게
'이 친구가 내 말을
그냥 넘기지 않고
잘 기억하고 있구나'라는
메시지를 줍니다.

6

능력은 기본이고 역량을 갖춰야 진정한 프로성과러

여러분 앞에 2개의 주머니가 있습니다. 하나는 현금 10억 원이 들어 있는 현금 주머니이고 다른 하나는 매년 1억 원을 벌 수 있는 비법이 담긴 역량 주머니입니다. 둘 중 하나만 선택할 수 있다면 여러분은 어느 쪽을 고르겠습니까?

많은 사람이 성실하게 노력하는 것이 중요하다고 공감하면서도 이러한 선택 앞에서는 지금 당장 쓸 수 있는 10억 원의 현금 주머니를 고릅니다. 한 번에 쉽게, 편하게 살고 싶은 마음이 들기 때문이죠.

'쉽게 얻으면 쉽게 잃는다'는 속담처럼, 노력 없이 얻은 것은 절대 내 것이 될 수 없습니다. 오히려 쉽게 얻는 데 익숙해지면 나중에 조금만 일이 어렵고 복잡해져도 쉽게 포기합니다. 인터넷이 진화하고 IT 기술이 발달하면서 웬만한 정보는 클릭 한 번으로 손쉽게 얻을 수 있죠. 그러다 보니 직접 발로 뛰며 현장을 두 눈으로 살피고 실무를 파악하는 대신, 남들이 이미 만들어놓은 자료로 잔재주와 요령만 발휘할 수도 있습니다. 너무 쉽게 남의 것을 내 것으로 포장할 수 있는 시대입니다.

이러한 업무태도는 속도 면에서는 지름길처럼 보이겠지만, 여러분의 역량을 좀먹고 퇴보시킵니다. 역량을 제대로 쌓겠다고 생각했다면, 편하고 손쉬운 방법을 찾지 마세요. 오히려 일에 더욱 악착같이 달라붙어 한 입 한 입 꼭꼭 씹어 완벽하게 내 것으로 소화시키는 것이 확실한 지름길입니다.

역량이란 성과를 창출하기 위한 실행력을 말합니다. 능력이란 역할을 잘 수행하기 위해 필요한 지식이나 스킬, 경험이죠. 역량은 학습한다고 커지는 것이 아니라 반복적으로 훈련해서 습관화해야 자라는 것입니다. 그래서 평소에 일할 때도 쉽게 할 생각보다 역량을 축적할 수 있도록 프로세스를 준수하는 습관을 들여야 합니다. 흔히 "FM(Field Manual)대로 하라."라고 말하듯이, 요령을 피우기보다 정석대로 하라는 뜻입니다.

여러분은 조직에서 남보다 편하게 일하는 쪽을 선택하겠습니까? 아니면, 조금 힘들더라도 일을 통해 역량이 향상되는 쪽을 선택하겠습니까? 힘들어도 오랜 시간 고민하여 어렵게 체득한 것이 진정한 내 것입니다. 직접 공들여 쌓은 지식이나 경험, 역량은 쉽게 사라지지 않습니다. 그리고 길게, 오래 갑니다.

현금 10억 주머니처럼 노력하지 않고 손쉽게 얻을 수 있는 것에 현혹되거나 흔들리지 마세요. 꾸준한 성과를 만들어내기 위해서는 반드시 자기 역량이 필요합니다. 그리고 역량을 키우려면 힘들더라도 제대로 된 절차를 반복해서 습관을 만들고 체질이 되게끔 익혀야 합니다. 결국, 시간이 들여 꾸준히 반복하는 것이 최선입니다. 어쩌면, 인생은 꾸준함과의 전쟁입니다.

능력과 역량을 구분해 개발하라

여러분은 역량(competency)과 능력(capability)의 차이를 정확히 알고 있습니까? 능력은 역할수행을 위한 자격요건으로, 업무를 수행할 수 있는 '직무지식력'이죠. 역량은 책임완수를 위한 자격요건으로, 성과를 창출할 수 있는 '전략실행력'입니다. 조직에서 역량과 능력을 구분하는 기준은 뭘까요? 전략적 실천행동이 있는가 없는가입니다.

'일을 잘 안다'는 말이 무슨 뜻일까요? 단지 '정해진 시간 내에 원하는 품질 수준의 결과물을 한정된 자원 범위 내에서 달성한다'는 말과 동의어는 아닙니다. 여러분도 경험으로 알다시피, 일에 대한 경험과 지식이 풍부하고 다양한 자격증이 있다고 해서 반드시 일을 잘하는 것도 아니죠. 일을 잘 안다는 것은 능력의 문제이지만 성과를 창출하는 것은 역량의 문제이기 때문입니다.

외식사업가 백종원 씨가 유튜브를 비롯해 수많은 요리 프로그램에 나와서 자신만의 레시피를 공개하고 전수해주지만, 아무리 많은 영상을 본다 해도 모두가 외식업계에서 그만큼 성공할 수는 없습니다. 즉, 성과를 창출하려면 능력은 기본이고, 역량이 반드시 더해져야 합니다. 능력은 필요조건이고 역량은 충분조건인 셈이죠. 그러므로 일을 제대로 하기 위해서는 일에 대한 지식과 스킬, 태도와 같은 '능력'에 더해서, 성과를 창출하기 위한 행동력인 '역량'이 균형 있게 갖춰져야 합니다.

역량은 '해낼 수 있는 힘'을 뜻하는 '두하우(do-how)'입니다. 그래서 '노하우(know-how)'인 보유능력과 달리 '발휘'라는 말이 따라붙습니다. 직장에서 역량을 잘 발휘한다는 것은 그만큼의 성과를 낸다는 의미입니다. 중요한 점은, 역량이 우연히 생겨나거나 1회적인 것이 아니라는 것입니다. '반복적이고 지속적으로 성과 창출에 발휘되는 행동 특성'이 바로 역량입니다. 그러므로 성과와 관련이 없거나, 띄엄띄엄 확인되거나, 객관적으로 관찰할 수 없거나, 행동에 영향을 미치지 못하는 경우는 역량이라고 말하기 어렵습니다.

역량을 제대로 발휘하려면 어떻게 해야 할까요? 단계별로 역량 수준을 진단하고 훈련을 통해 주기적이고 반복적으로 숙련이 되어야 합니다. 이 실행력은 일을 시작하기 전에 기획하고 계획하도록 하며, 일하는 중에는 일이 잘 진척되도록 캐스케이딩하고 협업할 수 있도록 해줍니다. 물론 일을 마친 후에는 책임져야 할 결과물과 성과를 창출해낼 수 있도록 해줍니다. 이러한 역량이 자연스럽게 발휘되기까지는 능력뿐만 아니라 눈에 잘 보이지 않는 태도, 철학, 가치관도 필요합니다. 그래서 역량은 체질화되어, 이 모든 것이 드러나 발휘되는 것입니다.

우리가 일하는 이유는 단순명료합니다. 원하는 성과를 얻기 위해 일하죠. 조직에서 성과를 얻기 위해 정해진 기간 내에 수행해야 할 역할이 있고, 목표를 달성하는 데 인과적으로 역할행동을 수행함으로써 성과를 책임집니다. 연차가 높아질수록 책임져야 할 성과의 범위는 넓어지고 그 수준도 높아집니다. 당연히 부담과 책임도 늘어나겠죠. 그러므로 성과를 지속적으로 창출하려면 무엇보다 그에 맞는 필요역량도 질적으로 수준이 더욱 높아집니다. 그래서 꾸준한 성과를 만들어낸다는 것은 그만큼 역량이 축적되었다는 뜻이고, 축적된 양이 늘었다는 뜻입니다.

역량을 어떻게 키울까요? 역량의 축적은 평가와 피드백이 결정합니다. 평가와 피드백을 두려워해서는 안 되는 이유가 여기에 있습니다. 역량이 축적되어야 더 높은 수준의 성과목표에 도전하고, 이전과 다른 성과를 만들어 낼 수 있습니다. 여러분도 동료나 리더로부터 '역량이 향상되었다'는 말을 자주 듣길 바랍니다. 이런 말을 듣는다는 것은, 1년 전 이룬 결과물보다 현재의 결과물이 더 가치 있고 의미 있다는 뜻이니까요.

한 줄 질문

여러분은 성과목표를 설정할 때 과거 성과의 평균치나 다른 사람의 평균에 맞추고 있지는 않나요? 평균의 족쇄에 여러분의 역량을 가두고 있는 것은 아닌가요?

7

성장형 마인드셋과 자기 필터를 갖춰라

"나는 얼마나 높은 역량을 가지고 있는가?"

스스로에게 이런 질문을 해본 적 있나요? 역량은 자신에 대해 아는 만큼 높아집니다. 그래서 자신을 냉철하고 객관적으로 바라보는 게 무엇보다 중요합니다. 그 방법을 하나 추천하자면, 1년 한 번씩 이력서를 업데이트하는 것입니다. 한 해를 마감하는 12월 31일을 기점으로 매년 '나의 이력서'를 업데이트해보세요. 1년 전에 작성한 것을 보며 올해 배우고 익힌 사항들을 추가합니다. 올해 한 일 중에 부족한 것은 무엇인지, 1년 동안 이룬 성과는 무엇인지 스스로 평가할 수 있습니다. 그러면 1년 동안 얼마만큼 성장했는지, 어느 분야에서 무엇을 배우게 됐는지도 한눈에 보입니다. 여러분의 능력과 역량을 매년 진단할 수 있겠죠.

자신을 객관적으로 바라보는 게 아직 어렵다면, 다른 사람들에게 나에 대한 객관적인 평가를 받아보는 것도 좋습니다. 요즘은 다면평가를 하는 조직도 많습니다. 여러분도 해보았나요? 리더와 동료에게 다면평가를 받아보았다면, 아마도 서운한 경우가 더 많았을 것입니다. 내가 알고 있고 믿고 싶은 내 모습과, 주변 사람들이 보는 내 모습이 다를 수 있기 때문입니다. 그 차이와 간극을 극복해야 우리는 스스로를 객관적으로 볼 수 있습니다. 그러니 한 번쯤은 허심탄회하게 주변 사람들에게 여러분에 대해 정확하고 솔직한 평가를 받아보기를 권합니다.

솔직한 평가는 결코 유쾌한 경험이 아닙니다. 결과에 낙담, 실망하거나 충격받을 수 있습니다. 내가 생각하는 나와 남이 보는 나는 당연히 다를 수밖에 없으니까요. 여러분이 못나서 혹은 나빠서가 아닙니다. 사람은 자신의 허물은 잘 몰라도 남의 허물은 조그마한 티끌까지도 정확하게 짚어냅니다. 여러분도 동료의 단점을 귀신같이 알고 있지 않습니까?

나도 아는 내 단점을 굳이 콕 찍어 지적하면, 정곡을 찔렸다는 생각에 더욱 아플 수도 있습니다. 그러나 겸허하게 받아들여야 합니다. 창피함과 실망감이 크더라도 그 부분이 조직과 개인의 문제로 커지길 바라는 사람은 아마 아무도 없을 것입니다. 단점이 많으면 개선할 게 많다는 뜻이고, 변화와 성장의 기회도 많다는 의미입니다. 그러니 쿨하게 인정할 것은 인정하고 받아들이

세요. 이참에 고치고 바꾸면 됩니다.

자기 자신을 정확하게 볼 줄 알아야 어떤 일에도 실패하지 않습니다. 지금 당장 노트와 필기구를 꺼내 여러분의 강점과 약점, 장점과 단점을 나눠 적어보세요. 여러분이 이루고자 하는 목표에 장애가 될 만한 단점과 약점, 이를 극복할 수 있는 강점과 장점도 하나씩 적어봅니다. 머릿속으로 이미 알고 있던 것이라도, 종이 위에 글자로 적어보면 또 다르게 느껴집니다. 실천할 내용과 방향도 구체적으로 드러납니다. 글로 적은 것을 눈으로 새기며 생각해보세요. 무엇을 어떻게 고치고 바꿀지 또렷하게 보일 것입니다.

순위경쟁이 아니라 기록경쟁을 하라

여러분은 조직에서 목표나 전략, 계획을 세울 때 주도적으로 나서는 편인가요? 아니면, 다른 사람이 어떻게 하는지를 살피며 약간 물러서서 눈치 보는 편인가요? 예상했겠지만 전자라면 일잘러, 후자라면 일못러일 확률이 높습니다.

일못러들은 대개 자신의 성과목표를 설정할 때 과거 성과의 평균치나 팀 내 평균 수준, 동종업계 평균을 바탕으로 목표를 설정합니다. 먼저 고려되어야 할 경영환경, 개인역량, 소속 팀의 성과목표를 고려하기보다 다른 사람의 평균적인 기준에 자신의 목표를 맞추는 것이죠. 이들은 '1등은 못 하더라도 중간만 하면 된다'는 사고방식을 가지고 있습니다. 남들과 비슷한 수준이면 별 문제 없다며 안심합니다.

평균을 좇는 이들은, 경쟁을 해도 남들과 비교하는 순위경쟁에만 열을 올립니다. 자신의 기록이 어느 수준인가에만 관심을 가질 뿐, 그 기록을 깨기 위한 기록경쟁에는 관심이 없습니다. 역량을 향상시키는 데 필요한 것은 순위경쟁이 아니라 기록경쟁인데도 말이죠.

반면 프로성과러들은 업무를 프로 스포츠 선수들처럼 대합니다. 프로 선수들은 출전하는 경기마다 자신의 목표를 달성하기 위해 악착같이 노력하고 힘껏 싸웁니다. 프로성과러 역시 도전적인 목표를 세우며 그 목표에서 자신의 역량을 성장, 개발하는 동력을 얻습니다. 높은 목표를 달성하기 위해 스스로 창의적으로 고민하고 업무수행 방법을 혁신하는 과정에서 쾌감도 느낍니다. 그러는 사이 자신도 모르게 역량은 업그레이드되고 조직 내 자신의 성과도 극대화되어 갑니다.

여러분은 가만히 있는 것이 '현상 유지'라고 생각하나요? 세상에는 밤낮으로 자기계발에 혼신을 다하는 사람들이 가득합니다. 그런 세상에서 가만히 있으면서 중간을 바라는 것은 어불성

설이죠. 강이나 바다에서 노를 저어본 사람은 알 것입니다. 목적지에 도착하려면 쉬지 않고 노를 저어야 한다는 사실을요. 잠깐이라도 한눈팔면 흘러가는 물살에 떠밀리고, 한번 밀리기 시작하면 아무리 열심히 노를 저어도 앞으로 나아가지 못합니다.

조직생활도 마찬가지입니다. 처음에는 '현상 유지만 해도 중간은 되겠지'라고 생각할 수 있습니다. 그러나 계속 가만히 있으면 중간이 아니라 뒤처지게 마련입니다. 요즘처럼 하루가 다르게 신기술과 트렌드가 변화하는 세상에서는 더더욱 그럴 수밖에 없습니다.

그러므로 중간이라도 하려면 평균 이상을 바라보고 달려야 합니다. '이 정도면 됐지' 하며 자신과 타협하지 마세요. 하루 정도는 남의 눈을 속일 수 있을지 몰라도, 이틀, 사흘… 그리고 조금만 지나면 금방 드러납니다.

명심할 것은, 평균은 단지 평균일 뿐이라는 사실입니다. 평균을 기준으로 해도 평균만큼 할 수가 없습니다. 남들에게 적당히 묻혀 가려고 하지 마세요. 그런 것이 불가능한 세상이니까요. 조직이 아니라 여러분 자신을 위해서라도 '나만의 기록'을 갱신하는 것은 중요합니다. 현재 자신이 평균이하라고 위축될 필요도 없고, 평균이상이라고 자만할 것도 없습니다. 평균이라는 족쇄에 자신의 역량을 가두는 순간, 그 누구도 발전이 없습니다.

언제나 과거의 나를 넘어서고자 하는 도전정신을 가지세요. 작년엔 1주일 걸려 끝낸 일을 올해는 3일 만에 끝내겠다는, 그런 도전적인 자세로 업무에 임해보는 것입니다. 프로 스포츠 선수처럼 매 순간 최고의 기록을 내고 다음에도 그 기록을 갱신하고 말겠다는 자세로 해보세요.

기꺼이 라이벌과 멘토를 따라 하라

라이벌은 여러분이 목표를 달성하는 데 도움을 주는 사람입니다. 우리는 라이벌과 선의의 경쟁을 벌이며 그를 뛰어넘기 위해 노력하고, 그런 시도들이 쌓여 목표가 달성됩니다. 그런 의미에서 라이벌은 여러분의 롤모델이라고 할 수 있습니다.

그렇다면 누구를 '라이벌'로 정할지가 중요하겠죠? 일단 기준이 필요합니다. 이왕이면 여러분의 목표를 상회하는 높은 경지에 이른 사람이거나, 무한대로 계속 발전해 나가는 사람이 좋겠죠. 보통은 여러분보다 약간 뛰어난 사람을 라이벌로 삼는 게 낫습니다. 별반 차이가 나지 않는 '도토리 키재기' 식의 라이벌은 도움이 되지 않습니다. 동기부여 효과가 별로 없으니까요.

또 라이벌은 조직 내에 있는 게 좋고, 업무 분야의 대가면 좋습니다. 여러분이 가장 넘어서고 싶은 사람을 라이벌로 삼는다면,

이 모든 조건이 충족되겠지요.

자, 라이벌을 정했다면 이제는 구체적인 전략을 세울 차례입니다. 한 분야에서 위대한 업적을 이룬 빌 게이츠나 워런 버핏의 인터뷰를 보면 한결같이 성공한 사람들의 레시피를 따라 했다고 말합니다. 우리도 이를 참고해 라이벌에게서 배울 수 있는 것, 그만의 독특한 습관을 정리해봅니다. 그리고 그의 습관, 태도, 생활방식 중에 본받을 것들을 '나의 행동원칙'으로 삼고 벤치마킹하는 겁니다. 물론 그중에서는 여러분에게 맞는 것도 있고, 변형해야 할 것도 있을 것입니다. 이를 발판으로 삼아 한 발 더 앞서가기 위한 색다른 계획을 세우는 것도 좋습니다.

라이벌을 자주 떠올리고 주기적으로 생각하십시오. 라이벌을 정해놓기만 하고 행동 변화가 없다면, 당연히 발전도 없습니다. 일할 때마다 '내 라이벌이라면 이것을 어떻게 했을까?'를 생각하며 따라 해봅니다. 라이벌을 능가하는 그날까지 항상 그를 예의 주시하고 따라 하길 멈추지 않습니다.

프로성과러가 되는 여러 방법 중 가장 손쉬운 것은, 본받을 점이 많은 리더나 동료를 나의 멘토로 삼는 것입니다. 조직 내 선후배가 아니어도 좋습니다. 업무뿐 아니라 인생에도 모범이 될 만한 사람을 멘토로 삼아 그의 모범적인 행동을 따라 해보는 것입니다. 멘토가 꼭 한 사람이어야 할 필요는 없습니다. 여러분의 업무와 조직생활, 인생에 좋은 지침을 줄 수 있는 사람이라면 10명도 좋고, 100명도 상관없습니다. 다만, 여러분이 감당할 수 있는 수준이어야겠죠?

때때로 풀기 어려운 문제에 부딪힐 때는, 그 문제를 해결하기에 가장 적합한 멘토에게 연락해 코칭을 받아보세요. 그를 기꺼이 여러분의 해결사로 만드는 것 역시 여러분의 역량에 달려 있습니다.

한 줄 질문

여러분은 라이벌이나 롤모델, 멘토가 있습니까?

8

오늘의 나는
어제의 나보다 성장했는가?

"어제와 똑같은 오늘을 살면서 다른 미래를 기대하는 것은 정신병 초기 증세이다."

아인슈타인이 한 말입니다. 제가 참 좋아하는 말이고, 저도 가끔 이 말을 떠올리면서 반성하곤 합니다. 일도 마찬가지 아닐까요? 어제와 똑같이 일하고 내일 다른 성과를 기대할 수는 없겠죠. 혹시 업무성과가 좋지 않음에도 불구하고 기존에 하던 방식대로 또다시 업무를 진행하고 있지 않습니까?

좋은 결과를 바라면서 일하는 방식을 바꾸지 않는 사람은 아무 생각이 없이 일하는 사람입니다. 단연코 이런 사람은 발전이 없을뿐더러 프로성과러도 될 수 없습니다. 성과는 점점 더 멀어지겠죠.

여러분이 만들어낸 성과가 조직을 위해서나 여러분 자신을 위해서나 긍정적인 결과가 되길 바라죠? 그렇다면 가장 먼저 해야 할 일은 여러분이 일하는 방식을 객관적으로 분석하는 겁니다. 일하는 방식을 개선해야겠다는 생각을 가지고 구체적으로 행동으로 옮기려면 일하는 프로세스에서 어느 단계에 문제가 있는지, 그 문제로 인하여 어떤 결과가 초래되고 있는지 알 수 있습니다. 이러한 고민은 스스로 주체적·객관적으로 문제의식을 느끼는 데서 시작됩니다.

내면으로부터 혁명이 일어나지 않으면 아무리 외부에서 야단치고 질책해도 바뀌지 않습니다. 그래서 스스로 문제의식을 가져야 합니다. 이런 문제의식을 가지려면 여러분 자신이 일하는 프로세스를 객관적으로 리뷰해보세요. 제대로 일하는 5단계 프로세스는 다음과 같습니다.

1. 기획단계 : 목표, 전략, 자원을 결정하는 단계
2. 계획단계 : 일정별로 실행의 순서를 정하는 단계
3. 실행단계 : 캐스케이딩하고 협업하는 단계
4. 성과평가단계 : 성과와 전략을 평가하고 원인을 분석하는 단계
5. 피드백단계 : 개선과제를 도출하고 만회대책을 수립하는 단계

5단계 중 여러분이 잘하고 있는 것은 무엇이고 부족한 것은 무엇입니까? 지금 어떤 단계에 문제가 있나요? 그리고 그 문제를 해결하고 잘 안 되는 것을 개선하기 위해 지금 당장 여러분이 할 수 있는 일은 무엇인가요? 혼자서 답을 내리기 어렵다면 주변의 동료나 리더에게 꼭 도움을 청해야 합니다.

'오늘의 나'를 점수 매기고 한 줄 평을 써라

직장생활에 어느 정도 익숙해지면 일에 치이고 사람한테도 치입니다. 일을 떠나 자유로워지고 싶다는 생각을 누구나 한 번쯤 하죠. 다람쥐 쳇바퀴 같은 하루가 매일 반복되니 나만 정체되는 느낌이 듭니다. 회사에 가는 게 죽기보다 싫을 때도 있습니다. 이것이 심각해지면 아무것도 하기 싫어지고, 우울감과 무기력증으로까지 발전합니다. 이를 슬럼프라고도 하고 번아웃(burnout)이라고도 부르죠. 대부분 비슷한 경험이 있을 것입니다. 다만 이를 얼마나 빨리, 어떻게 극복하느냐는 사람마다 다릅니다. 그대로 주저앉느냐? 반전의 기회로 삼느냐? 그것이 문제… 아니, 그것이 역량입니다.

냉정하게 말해 조직은 계속 경쟁하고 시장에서 생존하는 데 사활을 걸기 때문에 구성원 개개인의 슬럼프를 매번 도와줄 수 없습니다. 다행히 'EAP(근로자 지원 프로그램)' 등으로 복지 차원에서 심리상담을 지원해주기도 하지만, 아직은 형식적인 경우가 많지요.

그러나 슬럼프, 번아웃은 그냥 놔두어서는 안 됩니다. 필요하다면 적극적으로 외부의 도움을 받아야 합니다. 그리고 동시에 스스로 슬럼프나 번아웃에서 벗어날 수 있는 힘도 키워야 합니다. 충전식 건전지처럼 외부 에너지를 사용하기보다, 자신이 원할 때 즉시 사용 가능한 자가발전기를 내면에 갖추고 있어야 한다는 뜻입니다.

스스로 동력을 찾는 방법, 스스로 동기부여하는 방법은 어떤 것이 있을까요? 제가 추천하고 싶은 동기부여법은 자신에 대한 역사 기록하기입니다. 하루 8시간 이상 직장에서 일하면서 업무와 관련된 부분에서 내가 어떻게 성장하고 있는지를 기록으로 남길 수 있다면 자신의 강점이 무엇인지, 앞으로 어떤 경력을 더 쌓아야 할지, 회사에서 어떤 업무를 더 맡고 싶은지를 파악할 수 있습니다. 이렇게 매일 업무일지를 구체적으로 쓰고 나면, 일정 시간이 지난 후에 리뷰를 하는 것이 중요합니다. 새로운 계획을 세울 때 아주 요긴한 근거자료가 될 것입니다.

자신의 역사 기록하기는 퇴근 무렵에 하면 좋습니다. 프로성과러들은 퇴근 전에 오늘 해야 할 일로 표시했던 업무목록과 성과목표를 돌아보며 제대로 달성했는지를 리뷰합니다. 한 번도 안 해본 일이라 막막하게 느껴진다면 어린 시절 담임 선생님께 매일 일기 검사를 받던 기억을 떠올려보세요. 그때처럼 하면 됩니다.

개인적으로 사용하는 다이어리나 노트에 일기를 쓰듯이 그날 하루를 되돌아보고 가장 기억에 남는 일을 적어봅니다. 그리고 잘못한 일은 반성하고, 차후에 어떻게 대응하고 해결할지, 마음가짐과 각오도 적습니다. 내일 할 일과 달성할 성과목표까지 미리 정리한다면 이보다 더 좋을 수 없습니다. 아침에 출근해서 아무 계획 없이 분주하게 일을 마주하는 사람보다, 전날 차분하게 미리 정리해둔 사람이 일의 스타트도 빠르고, 집중도도 더 높을 수밖에 없습니다.

'내가 받는 연봉만큼만 일해야지'라고 생각하기보다 내게 주어진 근무시간을 최대한 잘 활용하겠다는 나름의 원칙을 세우는 게 좋습니다. 그 원칙 중 하나로 퇴근 전에 나의 역사를 기록하고, 업무와 마음을 기록해봅니다. 기록은 단순히 글자로 남는 게 아닙니다. 유일무이한 나만의 지적 재산이 됩니다.

한 줄 질문

여러분은 스스로 동기부여하기 위한 노하우가 있습니까?

9

세상에서 가장 무서운 것은 하루하루 쌓여 생기는 힘이다

—— 습관이라는 것이 참 무섭습니다. 사람을 죽일 수도 있고 살릴 수도 있으니까요. 일할 때도 마찬가지입니다. 마감시간을 칼같이 지키는 습관, 업무 이메일을 1시간 내에 꼭 회신하는 습관, 약속시간 5분 전에 도착하는 습관, 미팅일지를 꼼꼼히 적는 습관…. 이처럼 좋은 습관을 늘 실천하는 사람이라면, 그 사람의 역량은 체질화되어 성과로 드러납니다. 프로성과러들이 공통적으로 가지고 있는 중요한 업무 습관 몇 가지를 소개합니다. 이러한 습관은 지속적인 성과를 창출하는 사람들이 가진 가장 훌륭한 역량입니다.

1. 일하기 전에 우선순위가 높은 과제를 선택하는 습관
2. 일을 통해 기대하는 결과물을 목표화하는 습관

3. 목표를 정하고 나서 현상을 분석하는 습관
4. 목표를 기간별, 직책별로 캐스케이딩하는 습관
5. 공략해야 할 대상을 고정변수와 변동변수로 나눠 전략화하는 습관
6. 액션플랜을 실행방법 중심으로 전개하는 습관
7. 목표와 성과의 차이를 리뷰하는 습관
8. 기여하고자 하는 가치를 미션화하는 습관
9. 미션을 추구하기 위해 자신의 주특기를 비전으로 차별화하는 습관

그런데 역량은 어떻게 향상될까요? 제 경험으로는 일직선 모양이라기보다는 계단 모양으로 수직 점프합니다. 무슨 일이든지 임계점에 도달해야 변화가 일어난다는 뜻입니다. 운동하다 보면 일정 수준의 운동량이 채워지기 전까지 신체에 큰 변화가 없는 것과 같은 이치입니다.

성과를 창출할 수 있는 역량이 제대로 체질화될 때까지는 절대 예외를 인정해서는 안 됩니다. 쉽게 달성할 생각도 절대 하지 않는 게 좋습니다. 왜냐면 우리를 앞으로 나아가지 못하게 만드는 것은 과거의 타성에 젖은 낡은 습관들이기 때문이죠. 업무 중심, 일정 중심, 상위리더 중심, 지시·통제 중심, 형식적 관리 중심, 투입 중심으로 일하는 방식들 말입니다.

습관도 환승이 됩니다. 과거의 타성에서 벗어나 성과창출 역량을 키우는 전략적인 행동습관들로 바꿀 수 있다는 말입니다. 목표 중심, 전략 중심, 코칭 중심, 권한위임 중심, 역할과 책임 중심, 자기 주도적이고 자기 완결적으로 일하는 방식들이 그것입니다. 구성원으로서 일하면서 성과를 내야 하는 것은 당연합니다. 하지만 일을 통해 성장하고 역량이 향상됨을 느끼는 것 역시 중요한 개인적 성과입니다. 그러한 성장은 스스로를 지속적으로 달리게 하는 원동력이 됩니다.

성과를 창출하는 역량이 습관화되면 다른 사람들이 일하는 것과 차별화될 수밖에 없습니다. 그만큼 지속적인 성과창출이 가능해집니다. 이러한 핵심역량을 장착한 사람은 쉽게 라이벌에게 따라잡히지 않습니다. 그리고 당연히 조직의 핵심인재로 자리 잡게 되죠.

축적된 역량이 폭발하는 순간

사람들은 너무 쉽게 목표를 달성하려고 합니다. 책 몇 권 읽고, 교육 몇 시간 받는 것으로 자신의 역량이 향상되기를 바랍니다. 그러나 역량은 하루 이틀 반짝 투자한다고 축적되는 게 아닙니다.

또 다른 오해가 있습니다. 경험이 쌓였다고 역량까지 향상된 것으로 착각하는 것입니다. 역량은 경험에 비례해서 쌓이는 것이 아닙니다. 사람들은 오랜 시간 같은 업무를 도맡아 하면 자신의 실력이 쌓여 꾸준한 성과를 낼 수 있을 거라고 믿습니다. 일을 빨리 처리하는 기술이라면 모를까, 역량은 그렇게 쉽게 누적되지 않습니다. 시간과 일의 성과가 비례하지 않듯이 시간과 성장도 비례하지 않는 게 팩트입니다.

그렇다면 역량은 언제 어떻게 향상되는 걸까요? '내가 과연 이 일을 해낼 수 있을까?' 하는 두려움을 이겨내고 작은 성공을 거두었을 때, 드디어 해냈다는 기쁨과 함께 계단식으로 향상됩니다. 작은 성취와 기쁨을 경험하면 더 큰 성취를 갈망하게 되고, 스스로 동기부여되면 이전보다 더 몰입할 수 있습니다. 앞에서 말한 내면의 자가발전기가 탁 하고 켜지는 순간입니다.

이런 성장의 계단을 지치지 않고 밟아 올라가려면 그때그때 스스로를 동기부여할 수 있어야 합니다. 거창하게 말하면 '전략적 의도'를 가져야 한다는 뜻입니다. 여러분이 가진 자원이나 역량을 뛰어넘는 열망(aspiration), 달성하고자 하는 비전이나 목표에 집착하며 끈질기게 추구해야 합니다.

전략적 의도를 가지고 죽을힘을 다해 몰입하다 보면 필연적으로 방향과 계획이 선명해집니다. 어떤 역량을 쌓아야 하는지,

그 역량이 왜 필요한지, 무엇을 배우고 연마할지가 구체화된다는 뜻입니다. 전략적 의도에 따른 계획까지 명확해진다면, 한 계단 한 계단 새롭게 올라서는 속도가 더욱 빨라질 것입니다. 축적된 역량이 폭발하는 순간입니다.

역량은 어떻게 향상될까요?
제 경험으로는 일직선 모양이 아니라
계단 모양으로 수직 점프합니다.
무슨 일이든지 임계점에 도달해야
변화가 일어난다는 뜻입니다.
운동하다 보면 일정 수준의
운동량이 채워지기 전까지
신체에 큰 변화가 없는 것과
같은 이치입니다.

10

"나는 오늘도 내 미션에 한 걸음 더 가까워졌다."

비전이 있느냐 없느냐에 따라 사람이 인생이 얼마나 크게 달라지는지는 많은 실험을 통해서 이미 증명되었습니다. 그럼에도 비전을 세우고 실천하는 사람들은 많지 않습니다. 왜 일까요?

사람들은 비전을 세운다면서 너무 먼 미래의 모습만 생각합니다. 그리고 정작 오늘 뭘 어떻게 해야 하는지에 대해서는 둔감합니다. 대부분 오늘을 되돌아보며 '내일은 오늘보다 더 열심히 살아야지' 하고 다짐합니다. 하지만 막상 내일이 되면 오늘과 똑같은 하루를 살아요. 그리고 다시 반성하기를 무한반복 합니다.

비전은 그런 내일들이 모여 이루어지는 것이 결코 아닙니다. 비전을 하루하루로 쪼갠 오늘을 쌓아 나가야 궁극적으로 비전으로 세운 미래가 다가오는 겁니다. 한마디로 오늘! 이 시간! 이 순간! 기를 쓰며 노력해야 비전에 한 발짝 더 다가갈 수 있습니다.

소위 성공한 사람들은 많은 이들의 질투와 부러움을 받습니다. 사람들은 그들의 현재를 보고 대단하다며 칭찬하기도 하지만, 일부는 '꼼수를 써서 저렇게 됐겠지'라고 깎아내리기도 합니다. 그런데 남의 성공을 폄하하는 사람은 많아도 성공비법을 분석하거나 따라 해보는 사람은 흔치 않죠. 성공한 그가 지금의 자리에 오르기까지 흘린 피땀 어린 노력을 진지하게 살펴보거나 벤치마킹하지 않습니다. 아마 그는 남들이 7시간 잘 때 4시간도 못 잤을 것이고, 휴일도 반납해가며 자신의 비전에 모든 에너지를 쏟았을 것입니다.

진정으로 열망하고 꿈꾸는 것이 있다면, 그것을 자신의 비전으로 세우고 실현하고자 한다면, 오늘의 사소한 일에서도 의미를 찾을 수 있어야 합니다. 여러분의 인생입니다. 누구도 대신 살아주지 않고, 남에게 맡길 수도 없습니다. 그런 소중한 하루를 왜 대충 흘려보내나요? 아무 노력도 하지 않으면서 왜 성공하길 바라고 부자가 되길 바라죠?

내 인생은 내가 주인이 되어 이끌고 나가야 합니다. 내가 왜 사는지, 무엇 때문에 사는지 그 이유를 명확하게 밝히세요. 그것이 곧 여러분의 미션이고 존재의 이유입니다. 이러한 미션을 통해 자신을 되돌아보고 새로운 영감을 떠올리는 행복을 맛보길 바랍니다.

성공한 이들은 꿈을 이룬 자신의 모습을 분명히 목격한 사람들입니다. 열망하는 목표를 이룬 자신의 미래를 보았기 때문에 그 확고한 비전을 바탕으로 하루하루를 빛으로 꽉 채워 살아가는 것입니다.

올바른 질문은 지식을 실행력으로 바꾼다

누군가의 대수롭지 않은 한마디가 내 좁은 시야를 넓혀주고 결정적인 문제해결의 단서가 될 때가 많습니다. 그런데 결정적인 단서를 얻고자 할 때는 명심할 것이 있습니다. 바로 구체적인 질문을 해야 한다는 것입니다. 문제를 빨리 해결하려는 욕심에 다짜고짜 해결책을 내놓으라고 요구하면 제대로 된 답변을 들을 기회가 멀어집니다. 제대로 된 답변을 들으려면 올바른 질문을 해야 한다는 뜻입니다.

앞에서도 여러 번 강조했지만, 질문할 때는 내 생각을 먼저 밝히고 상대방이 의견을 구하는 순서여야 합니다. 예를 들어 이렇게요. "제 생각엔 이런데 팀장님은 어떻게 생각하세요? 더 나은 방법이 있을까요?" 여러분의 막힌 업무를 가장 잘 해결해줄 수 있는 사람은 누구일까요? 여러분의 업무를 모두 파악하고 있는 리더일 수도 있고, 여러분이 맡은 업무를 이전에 해보았던 선배나 동료일 수도 있겠죠? 이 경우에도 질문의 순서와 내용, 태도에 주의해야 합니다. 여러분이 상대방의 능력을 시험하거나 떠보려는 것으로 오해하게 만들어서는 안 되기 때문입니다. 아무리 마음이 급해도 다짜고짜 하소연만 하거나, 답을 알려달라고 조르면 안 됩니다.

어떻게 하면 상대방이 기분 좋게, 자신이 피땀 흘려 축적한 노하우를 여러분에게 알려줄까요? 질문하는 사람이 어떤 태도와 준비를 갖춰야 그렇게 해주고 싶을까요? 역지사지로 생각해보세요. 후배가 여러분에게 똑같이 질문한다고 칩시다. 다짜고짜 답을 내놓으라고 하면 어떨까요? 후배가 아무런 노력과 대가 없이 여러분의 노하우와 성과를 가져가려 하는 듯해 괘씸하게 느끼지 않을까요? 그러면 아예 알려주지 않거나 별 도움이 안 되는 이야기만 해주게 됩니다.

그러므로 무작정 찾아가서 '방법을 모르겠으니 처음부터 하나하나 알려달라'는 식으로 부탁해서는 결코 원하는 것을 얻을 수 없습니다. 여러분이라도 그런 후배에게 여러분의 귀중한 노하우를 알려주는 건 망설여질 겁니다.

먼저 감사한 마음을 가지세요. 그들은 귀한 시간을 내어 여러분의 막힌 업무를 해결해주려고 돕는 사람들입니다. 그들에게 정중히 코칭을 요청하되, 여러분 나름대로 고민한 대안을 가지고 가야 합니다. 예를 들어 "제가 이렇게 저렇게 해보았는데 어떤 지점에서 무엇이 잘못되어 일이 막혔습니다. 이 부분을 이렇게 바꿔보고 싶은데 적절한지 궁금합니다." 같은 구체적인 질문을 가지고 진실한 마음으로 그들을 만나야 합니다.

성공한 이들은
꿈을 이룬 자신의 모습을
분명히 목격한 사람들입니다.
열망하는 목표를 이룬
자신의 미래를 보았기 때문에
그 확고한 비전을 바탕으로
하루하루를 빛으로 꽉 채워
살아가는 것입니다.

에필로그

끈기, 높은 성과를 유지하는 힘

프로성과러는 일이 쉽든 어렵든, 맡은 일을 수단, 방법을 가리지 않고 어떻게든 끝냅니다. 반대로 일못러는 일이 조금 어렵거나 버거우면 수단, 방법을 가리지 않고 그만둘 핑계를 찾습니다. 그러다 보니 일못러는 일에 대한 자존심이 없고 일에 끌려다닙니다. 반드시 내가 끝을 내겠다는 의지 역시 부족하죠. 감당하기 힘든 일을 만나면 '해봐야 안 될 일'이라고 생각하고 쉽게 포기합니다.

프로성과러는 끝까지 물고 늘어지면 해결하지 못할 일은 없다고 생각합니다. 그 일을 해결할 실마리가 반드시 어딘가에는 있다고 굳게 믿습니다. 어떻게든 끝내겠다는 신념과 의지로 실마리를 찾아내서 결국 그 일을 한꺼번에 해결합니다.

여러분은 어느 쪽인가요? 일을 맡으면 어떻게든 책임지고 끝내는 편인가요? 조금 해보다 안 될 것 같으면 슬그머니 핑계를 찾고 중도에 관두는 편인가요?

사람들이 저를 보고 '성과관리 전문가', '성과코칭 전문가'라고 합니다. 저는 처음부터 성과관리 전문가나 성과코칭 전문가는 아니었습니다. 1997년 외환위기 직전에 '인사 전문 컨설팅 회사를 창업하겠다'는 패기 하나로 조직을 벗어나 야심 차게 컨설팅 업무를 시작했습니다. 그때 한국생산성본부(KPC)의 경영컨설팅 센터 이춘선 상무님과 PM 김현석 박사님을 만나지 않았다면 아마 오늘의 저는 없었을지도 모릅니다. 그만큼 한국생산성본부는 컨설팅을 처음 시작하는 저에게 많은 지원을 해주었습니다. 그리고 갈렙앤컴퍼니 김규영 대표님 역시 당시에 성과관리 아이디어를 얻는 데 많은 도움을 주었습니다.

처음에는 무엇을 어떻게 해야 할지 참으로 막막했습니다. 배운 것이라고는 SK그룹(당시 선경그룹 선경건설)에서 9년 간 인사 업무를 한 게 전부였고, 당시에는 석사, 박사 학위도 없었습니다. 기업을 상대로 하는 '경영 컨설팅'이라는 분야 자체가 생소한 시기였습니다. 다만, 정보통신기술의 급격한 발달과 외환위기, OECD 가입 등으로 인해 우리 기업들도 변화와 혁신이 필요하다는 인식을 조금씩 하기 시작했죠.

특히 기업의 인사제도 부분에서는 인사평가와 연봉제에 대한, 조직 측면에서는 팀제에 대한 수요가 새롭게 생겨나면서 인맥을 통해 조금씩 인사 컨설팅 업무를 하기 시작했습니다. 그런데 컨설팅 업무를 하면 할수록 '나는 과연 어떤 일을 나의 전문 분야로 삼아야 할까?'에 대한 고민이 깊어졌습니다.

그러던 어느 날, 우리나라 인사 노무 분야의 대가이신 성신여대 박준성 교수님(중앙노동위원회 위원장 역임)을 만나게 되었습니다. 그분을 만난 것은 제 인생의 전환점이었습니다. 교수님의 제자로 성신여대 인력대학원이라는 특수대학원에 진학하면서 그동안 해왔던 인사 실무 경험을 체계적인 이론과 접목시킬 수 있었고, 성과관리에 대한 기본기를 다졌습니다. 내친김에 경영학 박사과정까지 도전해 성과관리를 주제로 연구하고 논문도 쓰면서 체계를 제대로 갖추게 되었습니다.

처음에는 기업의 인사제도 혁신을 돕는 기능적인 일을 주로 했지만 점차 회사, 사업부와 팀, 개인 차원에서 '어떻게 하면 탁월한 성과를 창출할 수 있는지'에 대한 방법론을 연구하고 적용했습니다. 그러는 사이에 제가 연구한 것들을 정리하고 일반화해 책도 내고 강의도 열심히 했죠. 그렇게 활동한 세월이 올해로 어느덧 26년째입니다.

유혹과 난관도 많았습니다. 회사의 규모를 더 키워야 한다,

업무 분야를 더 넓혀야 한다, 기업 CEO나 임원들과 긴밀하게 교류해야 한다 등. 주변에서 진심으로 저를 걱정해주었고, 애정 어린 충고도 많이 해줬습니다. 그러나 저는 '성과관리 영역을 내 전문 분야로 삼아야겠다'는 생각을 굳히고 매년 1~2권씩 관련 서적을 펴내며 현장 강의와 경영 컨설팅 업무에 집중했습니다. 그때 저의 역량을 강화하도록 책을 내는 것을 과감하게 도와준 분이 바로 지금 쌤앤파커스를 책임지고 경영하고 계시는 박시형 회장님이십니다. 상업성이 그다지 뛰어나지 않은 저의 성과관리 분야 원고를 앞으로 기업에 꼭 필요한 내용이라면서 흔쾌히 출판해주었습니다. 아마 그런 인연이 없었다면 오늘의 저는 없었을 겁니다. 공부하고 컨설팅하고 강의하고 책을 쓰는 그 많은 일을 어떻게 병행하며 지냈는지, 지금은 처음부터 다시 시작하라면 엄두도 못 낼 것 같습니다.

다만, 한 분야에서 한눈팔지 않고 우직하게 30년 가까이 일하다 보니 이제 길이 보이고 머릿속이 맑아지는 느낌이 듭니다. 그래서 저는 앞으로 우리나라의 모든 기업과 기관, 구성원들 그리고 일반인들이 성과관리를 접목시켜 각자가 원하는 성과를 창출하고 꿈과 목표를 이루는 그날까지 현장에서 계속 이 일을 할 것입니다.

그리고 '성과코칭'이라는 새로운 영역에 대한 방법론을 정립하고 임원, 팀장들이 예전의 '업무관리' 대신 '성과코칭'을 할 수 있도록 최선을 다할 것입니다. 그래서 2022년 10월에 한국성과코칭협회를 발족시켰고, 협회는 앞으로 기업과 개인에게 성과코칭 방법론을 체계적으로 전파할 예정입니다. 이러한 모든 활동의 목적은, 더 많은 사람이 의미 있고 행복한 인생을 사는 데 기여하는 것입니다.

무슨 일이든 한두 번 시도해서 완성되는 일은 없습니다. 고작 1~2년 해서 전문가가 될 수도 없습니다. 대학에서 박사학위 받고 책 몇 권 썼다고 '전문가'인가요? 전문가를 사칭하는 사이비도 많습니다. 고수는 표정과 눈빛, 말투, 음색부터 다릅니다. 음악이든, 게임이든, 운동이든, 경영이든, 일하는 방법이든, 성과코칭이든 어떤 영역이든 자기 분야에서 한 획을 그은 대가들의 이야기를 꼭 들어보세요. 그들의 말 한마디, 표정 하나부터 내공이 다름을 느낄 것입니다. 아직 그 차이를 알아보지 못한다면 그 정도 수준에 이르지 못한 스스로를 돌아보십시오.

죽이 되든 밥이 되든 '한번 시작한 일은 반드시 끝장을 보겠다'는 오기를 가져야 합니다. 남이 알아봐주기를 바라지 말고 먼저 스스로에게 떳떳하고 자랑스러운 사람이 되기를 바랍니다.

저자소개

류랑도
한국성과코칭협회 대표

어떻게 하면 조직과 개인이 시간과 에너지를 엉뚱한 곳에 쏟지 않고, 목표를 달성하고 성과를 내며 성취감 있게 일할 수 있을까? 저자는 지난 25년간 목표달성과 성과창출을 원하는 조직과 개인에게 필요한 지식과 실천방법을 연구하고 코칭하고 강의해왔다. 특히 최근 변화한 경영환경 속에서 가장 필요한 것은 권한위임을 바탕으로 한 실무자 중심의 자율적 성과책임경영이라는 사실을 강조하며, 개인과 조직에 그것을 알리고 정착시키기 위해 힘쓰고 있다.

실무경험과 인본주의 철학을 바탕으로 한 그의 열정적인 강의와 컨설팅은 수많은 조직과 구성원에게 지속가능한 성장과 발전을 선사했으며 《일을 했으면 성과를 내라》, 《제대로 시켜라》, 《성과관리》, 《델리게이션》, 《성과코칭 워크북》 등 30여 권의 저서는 출간할 때마다 베스트셀러에 올랐다. 또 '성과코칭'이라는 새로운 영역에 대한 방법론을 정립하고, 임원, 팀장들이 과거의 '업무관리' 대신 '성과코칭'을 할 수 있도록 돕고 있다. 기업과 개인에게 성과코칭 방법론을 체계적으로 전파하기 위해 2022년 한국성과코칭협회를 발족시켰다.

개인의 자율성과 책임감, 기대감이 조직의 중요한 에너지가 되고, 일하는 프로세스와 문화가 실체 있는 구체적인 역량으로 발현되도록 하기 위해 오늘도 현장의 실무자들과 머리를 맞대고 고민하고 있다.

일하기 전, 일하는 중, 일하고 난 후

2023년 2월 27일 초판 1쇄 | 2024년 4월 18일 5쇄 발행

지은이 류랑도
펴낸이 박시형, 최세현

책임편집 최세현 **디자인** 윤민지
마케팅 양근모, 권금숙, 양봉호, 이도경 **온라인홍보팀** 신하은, 현나래, 최혜빈
디지털콘텐츠 최은정 **해외기획** 우정민, 배혜림
경영지원 홍성택, 강신우, 이윤재 **제작** 이진영
펴낸곳 (주)쌤앤파커스 **출판신고** 2006년 9월 25일 제406-2006-000210호
주소 서울시 마포구 월드컵북로 396 누리꿈스퀘어 비즈니스타워 18층
전화 02-6712-9800 **팩스** 02-6712-9810 **이메일** info@smpk.kr

ISBN 979-11-6534-699-7 (03320)